高等学校特色专业建设点教材 【古代汉语书系】

◎丛书主编：陈少华 张玉金

古代汉语和广东的方言

谭赤子 著

⊙广东高等教育出版社 广州

图书在版编目（CIP）数据

古代汉语和广东的方言/谭赤子著．—广州：广东高等教育出版社，2011.12

（高等学校特色专业建设点教材·古代汉语书系）

ISBN 978－7－5361－4205－3

Ⅰ．①古…　Ⅱ．①谭…　Ⅲ．①古汉语－对比研究－粤语－高等学校－教材　Ⅳ．①H109.2　②H178

中国版本图书馆CIP数据核字（2011）第261515号

出版发行	广东高等教育出版社 社址：广州市天河区林和西横路 邮编：510500　　营销电话：（020）87557232 http://www.gdgjs.com.cn
印　　刷	广州市怡升印刷有限公司
开　　本	880毫米×1230毫米　1/32
印　　张	6.125
字　　数	167千字
版　　次	2011年12月第1版
印　　次	2011年12月第1次印刷
印　　数	1～3 000册
定　　价	15.00元

总　序

陈少华　张玉金

华南师范大学中国语言文学（师范）专业历史悠久，是建校时即创办的专业之一，它的前身是广东文理学院中文专业。本专业重视教学、科研、学科建设和师资队伍建设。自创办以来，中文专业教师取得了丰硕的科研成果，获得了一系列的重要奖项。目前，中文专业拥有中国语言文学一级学科硕士学位授予权，中国语言文学一级学科博士后流动站，有中国古代文学、中国现当代文学、汉语言文字学三个二级学科博士学位授权点。中文专业涌现了许多成就突出、在国内外有影响的专家，如廖苾光教授、吴三立教授、李镜池教授、廖子东教授、李育中教授、钟旭元教授、管林教授、曹础基教授、唐启运教授、诸孝正教授、沈开木教授等。现有专任教师 86 人，其中教授 24 人（含博士生导师 11 人），副教授 31 人，有博士学位的教师 37 人。本专业教学成就突出，2004 年被批准为广东省名牌专业，2007 年获批为国家特色专业建设点。

如何建设国家特色专业？教育部专门为此发出了《关于加强“质量工程”本科特色专业建设的指导性意见》（教高司函〔2008〕208 号）。我们认为，其核心是强化优势、突出特色，而特色是在比较中得来的。就华南师范大学中国语言文学专业而言，与综合性大学以及其他专科大学相比，其特色显然是在“师范性”上；与其他教学型本科师范院校相比，其特色是“研究性”、“示范性”；与同类同层次师范大学相比，其特色应是“国际性”，即发挥毗邻香港和澳门特区的优势，加强交流合作，以拓宽本科生的国际视野，增强他们的国际竞争力。

建设国家特色专业的目的是培养优秀人才，培养优秀人才的主渠道是课程和课堂，而课堂授课需要好的教材。正因如此，我们把编写教材作为教学改革的突破口。

我们编写的教材系列具有以下鲜明的特色：

第一，定位上具有明确性。华南师范大学属于教学研究型大学，是国家“211 工程”重点建设的大学，中国语言文学专业是师范专业，培养的学生90%到学校就业。因此，我们所编写的教材，必须适应学校的办学定位和中文专业的师范特点，必须考虑绝大部分学生到中学就业的去向。

第二，书目上具有系统性。本教材系列是一个系统，系统内又包含一些子系统，即一些书系。如古代汉语书系、现代汉语书系、古代文学书系、现代文学书系、当代文学书系、外国文学书系等。我们希望经过长期的建设，形成比较完善的具有鲜明特色的中国语言文学（师范）专业教材系统。由于是一个完整的体系，所以要照顾到彼此的衔接，相互之间要有明确的分工，避免不必要的重复。

第三，内容上具有新颖性。学术研究不断进步，本教材系列要全面吸收学术界最新的定论性成果，特别注意使教师的科研成果转化为教学内容，解决现有教材内容陈旧、落后于学术研究的问题。不但讲授知识，更注重传授科学研究的方法。要深入研究基础教育界对人才知识、能力、素质结构的要求，积极开发反映这些要求的新课程。

第四，教法上具有先进性。要突破以知识传授为中心的传统教学模式，避免“满堂灌式”的教学方法，而探索以能力培养为主的教学模式。要善于使用现代信息工具，采用探究式、研究性教学方法，推进启发式教学。

这次推出的是本教材系列的第一辑，具体书目如下：张桂光的《古汉字学简论》、《简明书法教程》，沈建民的《汉语音韵学概论》，吴辛丑的《训诂学》，钟明立的《古代汉语词汇简论》，张玉金的《古代汉语语法学》，谭赤子的《古代汉语和广东的方言》，戴伟华的《唐诗宋词研究》，马茂军的《唐宋散文研究》，谢洁瑕的《诗词格律》，陈剑晖的《现代散文研究》，姚玳玫的《中国现代小说导读》，侯桂新的《中国现代抒情文学经典导读》，陈少华、王世诚的《当代中篇小说选读》，凌逾的《台港澳作品选读》。

这是一支高水平的作者队伍，有教授 9 人（其中博士生导师 4 人）、副教授 4 人。上述教材，大都是作者在多年的教学实践基础上编写而成的，既吸收了学术界近些年来的研究成果，又含有作者自己长期的研究心得。

我们有个长期的宏伟规划。目前出的是第一辑，以后要出第二辑、第三辑，直至建立起比较完善的中国语言文学（师范）专业的教材体系。此后，我们还要根据中国语言文学学科的发展以及基础教育行业的需求，不断地加以修订、完善。在编写教材的基础上，我们还要编写相关的教学参考资料，开发相应的教学课件，要推进这种三位一体的立体化教材建设。与之相关的，还要进行网络课程建设、国家特色专业建设点网站建设等。

为了实现这一远大的目标，我们要本着认真负责的精神，一步一个脚印，踏踏实实地去做，这样我们的目的就一定能够达到。

2010 年元月

目　录

第一章　绪　　论

一、古代汉语和汉语方言的关系

古代汉语的概念有两个系统：一是以先秦口语为基础而形成的上古汉语书面语以及后来历代作家仿古的作品中的语言，即文言；二是唐宋以来以北方话为基础而形成的古白话，即后来所说的近代汉语。

在今天来看，古代汉语就是汉族的古代共同语的意思。由于它借助古代文献保留下来，所以是书面语的形式。

方言是共同语的继承或支裔（分支），一种方言有异于其他方言的某些语言特征，在历史时期往往从属于民族的统一标准。

我国古代很早出现有关方言的说法，周代说殊方异言。例如：

①逾昆仑，越巨海，殊方异类，至于三万里。（汉·班固《西都赋》）

②禁异服，识异言。（《礼记·王制》）

③自宛以西至安息国，虽颇异言，然大同，自相知晓也。（《汉书·西域传》）

汉代就有了方言之说。扬雄有《辅轩使者绝代语释别国方言》，后来往往简称为《方言》，这是中国第一部方言词典，它仿效《尔雅》按照意义排列，只是没有系统分类和类名。每组同义词来源于各个不同的方言词汇，包括古方言（古今语，古雅之别语）、汉代方言（某地语，某地之间语）和当时通行的普通话（通语、通名、凡语、凡通语、四方之通语），即用通语释方言，如唐代王维的诗《早入荥阳界》言："因人见风俗，入境闻方言"。

清代杭世骏的《续方言》，收集了唐宋以前经史传注以及字书词书，如《十三经注疏》、《说文》、《释名》等所涉及的方言词语，共522条，增补《方言》，只是没有注明出处。还有清代戴震的《续方言》等。

章炳麟的《新方言》，分10类11篇，其中《音表》专讲古音学和声音通转，书后附《岭外三州语》一卷，考释惠州、嘉应州、潮州客家话中一部分词语的来源。此书根据语言发展变化的规律，尤其是语音变化的规律，以古语证今语，以今语证古语；疑于义者，以声求之；疑于声者，以义证之。此书对汉语的语源研究有较大的影响。

古代所说的汉语方言，跟今天所说的汉语方言及其分区分类并不一致。今天的方言分区，是汉族社会长期发展变化的结果。从历史发展的角度来看，有古代的方言，有今天的方言。

也可以说，方言是一种语言的地域性的变体。但是，就今天汉语的7种方言分类来看，客家方言不是按照地域，而是按照居民的来源或成分说的。所以，科学的语言的方言区分所关心的首先是语言的系统和特征，其次才联系到方言的使用者的人文历史方面。

这里要说的古代汉语和汉语方言，并不是同一历史平面的，寻求它们之间的关系和它们的可比性，在于共同语的发展和方言的发展具有的不平衡的性质。现代的汉语方言相对共同语而言，发展变化较缓慢，有它的保守性的一面，特别是岭南的方言，在相当长的历史时期内，由于地处一隅，与政治文化中心的中原的联系不那么紧密，保留了许多古代语言的因素（特别是上古、中古）。寻求这些因素和联系，可以看到汉民族语言及其方言之间自然而然的关系，看到汉语方言中丰富的历史文化内涵和有层次的背景，也从活的语言的角度证明古代汉语中曾经存在的各种现象。

二、古代汉语与汉语方言不同的发展进程和轨迹

汉语和方言的关系是一种主从关系。一方面，从发展来看，方言是古代汉语随着时代和地方的各种社会关系的变化而逐渐发展分化的结果。从内容来看，汉语和方言之间、各方言之间最大的差异

表现在语音。另一方面，古代汉语和古代方言因社会变革、人口迁移等诸多复杂的因素，有不同的发展进程和发展轨迹；造成不同时期不同的交汇沉积分流等种种变化，呈现出历史层次不一的关系。

汉语以语音的发展为例，从古至今可简单列为：以《诗经》为代表的周秦古音→中古的《切韵》、《广韵》音系→元代周德清的《中原音韵》→现代汉语语音。

中心地域也发生了转移：上古、中古的黄河流域、陕西河南一带→以近代大都一带为中心，依据并提倡的是以大都一带的中原之音为准则，以国内各地区、各阶层通用为要求的民族共同语的标准音→以北方地区为基础，以北京语音为标准。

时间和政治文化中心的转移，共同推动汉语标准音的变化。

对汉语共同语的称谓也在不断地变化，上古称之为“雅言”、“凡语”、“通语”，中古以后有了“官话”。例如：

①子所雅言，《诗》、《书》、执礼，皆雅言也。(《论语·述而》)

②嫁、逝、徂、适，往也。自家而出谓之嫁，由女而出为嫁也。逝，秦晋语也。徂，齐语也。适，宋鲁语也。往，凡语也。(《方言》卷一)

③娥，㜲，好也。秦曰娥，宋魏之间谓之㜲。秦晋之间，凡好而轻者谓之娥。自关而东，河济之间谓之媌，或谓之姣。赵魏燕代之间曰姝，或谓之妦。自关而西，秦晋之故都曰妍。好，其通语也。(《方言》卷一)

④然后世人信用避畏忌讳之语，四方不同，略举通语，令世观览。(王充《论衡·四讳》)

⑤（王）雅宜不喜作乡语，每发口必官话。(明·何良俊《四友斋丛说·史》)

⑥因吾国文字难通，故欲即北京土语成文，以便俗用，不名为土话而名官话者，从俗也。北至黑龙江，西逾太行、宛、洛，南距扬子江，东傅于海，纵横数千里之土语，皆与京话略通，外此诸省之语则各不相通，是京话推广最便，故曰官话。余谓官者，公也，官话者，公用之话，自宜择其占幅员人数多者。(近代·王照《官

话合声字母·凡例》)

何良俊将“官话”和“乡语”对举，王照对“官话”的解释，都突出了官话为交际场合通行的特点，是官方的、大面积通行的、口头交际的工具。可以说，汉语称谓的变化过程为：雅言→凡语、通语→官话→普通话、共同语。

有关方言使用的记载也很早。《孟子·滕文公下》说楚人许行是“南蛮鴃舌之人”，用“鴃舌”来形容许行的楚语难听、难懂：“今也，南蛮鴃舌之人，非先王之道；子倍子之师而学之，亦异于曾子也”。

书中还用一段精彩的描写，清楚地说明了齐、楚是两个不同的方言区：

孟子谓戴不胜曰：“子欲子之王之善与？我明告子。有楚大夫于此，欲其子之齐语也，则使齐人傅诸？使楚人傅诸？”曰：“使齐人傅之。”曰：“一齐人傅之，众楚人咻之，虽日挞而求其齐也，不可得矣。引而置之庄岳之间数年，虽日挞而求其楚，亦不可得矣。”

从文献记载来看，上古汉语以黄河中游为中心（秦晋），但今天的吴语（吴越）、湘语（楚）、粤语也萌芽了。

中古时期，南北方言已经有了显著的差别，但还没有发展到现代北方话和吴方言这样大的差别程度。《左传·襄公十八年》：“吾骤歌北风，又歌南风。南风不竞，多死声……”是说南方歌谣和北方歌谣有音乐的差异。而隋朝颜之推则论到南、北方语言的差异，他在《颜氏家训·音辞篇》说：“南方水土柔和，其音清举而切诣，失在浮浅，其辞多鄙俗。北方山水深厚，其音沉浊而铧钝，得其质直，其辞多古语。”他以地理条件来解释方言歧异，但因此评判语言的高低雅俗，不够科学。唐代陆德明在《经典释文·序录》说：“方言差别，固自不同，河北江南，最为巨异，或失在浮清，或滞于沉浊”，客观地说明了不同方言发音时有高低清浊的差别。

五胡乱华对汉族和汉语有间接的影响，特别体现在客家话和闽语的萌芽。

元明清600余年间，汉语发展为7种主要的地域方言：北方方言，吴方言，湘方言，赣方言，客家方言，粤方言，闽方言。近代汉语方言以北方话为主导，向南北发展，通行区域远远超过了上古和中古时期，逐渐变为全国性的“官话”，就是今天普通话的基础。商宦往来于京城和全国各地，是“官话”的传布者。其他6种方言只在特定的区域内活跃，同时也不断受到北方“官话”的影响。

这里所说的古代汉语，是指清代以前的汉语雅言的书面语，特别强调上古、中古的书面语，它也在长时间内有它自身的发展变化。而方言，是今天口头讲的活的地方性语言，它们从古代逐渐形成的地方方言发展变化而来。由于它们的形成过程、地域、发展速度等多方面的原因，内中的一些语言因素就成为可以证明古代语言或可以互相印证的依据。

文字是记录语言的符号系统，是表达语言的书面工具。汉字表意文字的特点，使人们从古到今、从南到北都可以按不同的方音认字读书，这样就维系了书面语的统一。这在拼音文字里几乎是不可能的。汉字的特点使汉语方言之间的差异特别是语音差异成为可以接受的客观存在。方言之间差异最大的是语音，次之是词汇，再次之是语法。

三、广东的主要方言

我们常说的广东话主要有三大方言：客家方言（客家话）、粤方言（白话）、闽方言中的闽南次方言（潮州话，又称潮汕话）。

以上三种方言的语音差别还是很明显的。而广东的方言又以与北方话差别大而著称，特别是随着广东成为改革开放的前沿，大批的人才南下，刚到广州，好不容易听懂了一点广州话，又在客家话、潮州话前败下阵来，常常感叹说广东的方言比外语还难学。外国人也一样，在北京好不容易学会了普通话，来到广东，或到香港，又什么也听不懂了，还要从头学起……有一段时间，一些荧屏的普通话娱乐节目就学广东人说普通话，常把“是”说成“系”，其意本为搞笑，但这恰好是广东多种方言语音的一个从中古而来的共同特点——没有卷舌音。在广东，只有客家地区的兴宁话才有卷舌音，其源流尚待考证。广东的方言之间也存在较大差异（在共同的基础上谈差别）。然而追寻史实，广东的先民绝大部分都是南迁而来的，中原汉民是他们共同的祖宗和血脉，只是各方言形成的时间和过程不一致罢了。在这过程中，也或多或少地融合了当时当地的少数民族语言因素。

（一）客家方言形成的背景

客家，相对土著而言，这个名称是到宋代才出现的。综合前人的著述，客家人经历过五次大的迁徙：第一次，由东晋至隋唐，当时的汉人由于外族入侵而南迁避难，最远到达江西中部；第二次，由唐末到宋，由于黄巢起义引起的战乱，到达古循州（今龙川）、惠州、韶关和福建、江西一带；第三次，宋末到明初，由于蒙元南侵，由闽西、赣南迁至广东东部和北部；第四次，从康熙中叶至乾嘉年间，由于人口众多，山多田少，外迁——由广东东部、北部迁至四川，台湾，广东中、西部，湖南，广西等地；第五次，乾嘉以后，因土客械斗，调解后由粤中迁至粤西、海南（崖县定安）。前三次的迁徙是客家方言形成的重要社会历史原因，相对本地人而言，外来人口只能迁居人少地贫的山区，由于自然条件的限制，加上强烈的宗族观念和保守思想，形成了固有的文化礼俗和相对独立方言，就是客家人古训中的所谓“宁卖祖宗田，不忘祖宗言”。后两次的迁徙，则扩展了客家方言的分布范围，形成了今天全国各地的“客家话岛屿”。

客家人的聚居地，广东省的纯客县 17 个县，非纯客县 44 个；福建省的客家人集中在闽西山区 14 县；江西省的客家人集中在以赣州（不包市区）、于都、宁都为中心的赣南地区。罗香林的《客家研究导论》统计全国有客家住地县 127 个，其中纯客县 32 个，非纯客县 95 个，人口 2 000 多万，连片的就是粤东北、闽西、赣南地区。

【相关书目】

清嘉庆黄钊的《石窟一征》卷七、卷八，清光绪温仲和的《嘉应州志》卷七，清光绪杨恭桓的《客话本字》，民国初年罗翙云的《客方言》，章太炎的《新方言·岭外三州语》。

（二）粤方言形成的背景

以广州话或广府话为中心的方言，本地人称为“白话”。有人说粤方言是汉语方言中与民族共同语差别较大的方言之一。长期以来在一定范围内还形成了一种书面语言，创造了不少方言字，粤语对白的电影、民歌、小说剧本很流行。这可以说是经济文化的发展巩固了粤方言的特殊地位，尤其是宋代以后受内外经济文化交流大发展、重心转移的影响。

古代百越杂居，三代以后，楚威王杀越王无疆（前 334）以后，中原华夏族开始向南迁移。秦始皇时期，多次派兵平定百越，使任嚣、赵佗击平之，谪戍五十万守之。汉武帝时灭越，置以为郡，于是百越完全成为中国的一部分。历代中原汉人的南迁，特别是汉末唐末宋末，使岭南地区逐渐汉化，形成了广府方言，一方面继承并发展了许多古汉语中本质的因素，另一方面也吸收了一些非汉语的因素，从而构成它的方言特征。

一般认为广府民系（岭南古汉族最早形成的民系）是南宋末年在南雄珠玑巷开基，这是中原汉人南迁入粤的重要中转站。最近的研究则认为是源自封开（广信）。广信得名于汉武帝圣旨“初开粤地宜广布恩信”，公元前 111 年设广信县，公元前 106 年设交趾刺史部是岭南地区最早的首府。所以，广信当时是汉朝统辖岭南九郡的首府和政治中心，官方交际所用的从中原而来的雅言由此地中转逐渐传播到岭南，并通过商贸活动而融合当地百越土著语言，形成后来的粤语，使当今的粤语保留了不少古代汉语的因素。

2004 年 8 月 4 日在封开县举办了“广东封开：岭南文化发祥地”的论坛，会上专家学者新论迭出，如“粤语，我国最古老的普通话”、“封开人是岭南人类最早的祖先”等。近年来，涌现出不少新的研究成果，中山大学的罗康宁、叶国泉在 20 世纪 90 年代中期写的《粤语源流考》就说“粤语形成于古广信”，华南理工大学的谭元亨也陈述了自己的观点（相关评论见《羊城晚报》2004 年 5 月 31 日、2004 年 8 月 6 日、2004 年 8 月 25 日，或其他媒介的相关报道）。

【相关书目】

虞学圃、温岐石的粤语韵书《分韵撮要》（1782），陈澧的《广州音说》（1892），詹宪慈的《广州话本字》（1929），孔仲南的《广东俗语考》（1933），王力的《两粤音说》（1928）和《博白方音实验录》（1931）。20 世纪 40 年代后，研究和描写粤方言的著作更多起来了。

（三）潮汕方言形成的背景

潮州话或说潮汕话属于闽方言中闽南次方言的一个分支。闽方言有次方言或不同的语群：闽南、闽中、闽北、闽东、莆仙（其中的原因待考）。

说闽语的人口大都是历史上或因避乱，或因“征蛮”，陆续从中原迁移过来的，据史籍族谱记载，迁徙大概从秦汉始，盛于晋唐。据《周礼·夏官·职方氏》载，闽在周代由 7 个部落组成；《百越先贤志》记载，越国为楚所灭后，诸子散居，其中闽越王无诸和东海王摇就住在闽地，属百越范围。

（1）秦始皇命王翦平定江南后立四郡：南海，桂林，象郡（雷廉高诸府），闽中（福建）。《潮州民族考》记载，潮州在秦时就有了中原人，秦发兵五十万屯南岭，将领史禄把家属留在了揭岭（揭阳），他的部下也大都留寓潮州，那时就有了秦兵后裔。

（2）汉武帝时平南越，置九郡，其中有珠崖、儋耳两郡，说明闽方言范围内的海南那时有了汉人。后来的历代战乱，东晋的“五胡乱华”，唐武后时的“征蛮”，五代时王潮、王审之南下据闽称帝，都给闽方言区域带来大批中原汉人。南宋之后，宋室遗民定居福、泉、漳、潮的，也有不少。

（3）明末，郑成功带了不少人从福建渡海东去台湾据守抗清，台湾大部分属闽方言；抗清失败后又有许多人散居到南洋和南海诸岛。

2007 年 12 月 22 日，纪念揭阳先贤揭猛（史定）诞辰 2 168 周年暨揭阳先贤揭猛研究会成立大会在广东揭阳市召开，推动了古揭阳史的研究，也补充了国史在汉武帝年间收平南越、统一中国南方的历史内容。

清时期的《揭阳县志》云："史定，秦时人，仕南粤，为揭阳令。元鼎六年，汉兵下番禺，定决计属汉，武帝嘉之，封安道侯，邑六百户，子当时袭侯爵，子孙遂家于揭阳。祀名宦。"在《揭阳县志》中，汉朝的记载只有这 54 个字。接下来的记载已跨越至明朝。《史记》也提及"揭阳令定"。著名学者、祖籍潮汕的饶宗颐教授说："过去地方志所载，潮州（即今潮汕地区）第一个地方官是揭阳令史定。"然史氏后人何在？

2002 年底，广西南宁商人揭家良到揭阳谈生意，向老客户卢老板打听："你们揭阳在秦汉时期有没有一个县令叫史定？他是我们揭氏的老祖先揭猛。"卢老板的伙计小林就这个问题请教《潮学》杂志的主编、广东省潮汕文化研究中心揭阳市研究会秘书长徐光华，他马上联系揭家良，拿到《揭氏族谱》，从族谱内容证明中华揭氏始祖就是揭猛，也就是史定。

中国历史文献研究会研究员郭伟川的《揭氏族谱考证》揭开了这个谜底。饶宗颐教授在该书题词中说："郭君伟川此书，取资揭氏旧谱，咸溯源于史定。征引浩繁，足补邓书（邓名世《古今姓氏书辨证》）之略，大有裨于谱牒之学，诚难能而可贵也。"

赐姓改名，名副其实。郭伟川说，阅揭氏宗族史，如观国史。尤其是北宋哲宗元符三年（1100）苏过依父亲苏轼之命为《揭氏族谱》撰写的《史揭合序》，亲证揭出于史。而汉安道侯、揭阳令史定之父史焕为他们共同祖先的结论，具有极高的史料价值。

史定到底有何作为？国史一直找不到答案。考证《史揭合序》发现，史定原是汉官（护驾将军），作为南越太子婴齐往汉朝做人质的交换人质，羁留南越任揭阳令。汉武帝元鼎六年（前 111）发动统一南方之战，史定起而响应，挈地归汉，为促成汉朝的统一事业、为古揭阳全境人民免于战争作出贡献。

史改揭，有《汉书》记载，有族谱为证。因功封汉安道侯，世袭揭阳令，以邑为氏，符合古制。史定谐音“死定”不吉利，将军贵勇猛，以猛赐名，符合其身份及事功。

史定即揭猛的发现，厘清了历史脉络，推进了古潮汕史的研究，也补充了国史关于汉武帝平定南越的内容。①

《中国人名大辞典》载史禄为秦始皇时史官，曾随军伐百越，监“凿渠转饷，导源海阳山，以湘水北入楚，融江激行六十里，置陡门三十六，使水积渐进，故能循崖而上，建瓴而下，通舟楫，利灌溉，号为灵渠”。灵渠在今广西兴安县西十里。史禄和史焕、史定父子的关系如何，随着史定身份的确定，相信离揭开谜底的日子也不远了。

闽语形成于何时没有记载。但是闽方言内部尽管复杂，特别是其南北语音差别较大，但有一个明显的共同特点：声母的轻唇音归重唇音，舌上音归舌头音（重唇音的“分、蜂、缚”，舌头音的“茶、中、猪”），就是罕有轻唇音和舌上音。这符合上古的声母系统，没有经历中古时期这方面的语音分化。而分化在《切韵》之类中古的韵书已经记录得很清楚。据说唐时已有“福老”之称，这也许可以作为闽方言形成的一个证据。

【相关书目】

明戚继光的《戚参将八音字义便览》，林碧山的《太史林碧山先生珠玉同声》，在清乾隆年间合刻为《戚林八音合订》；以十五音为经、以五十字母为纬的《潮声十五音》。

从汉语和方言的发展来看，可以得出以下两点结论：一是方言的基础来自中原，跟汉民族共同语的关系很清楚。二是历史上对各

---

① 杨媛，等：《揭氏寻根欲揭开历史迷雾》，载《羊城晚报》，2007 年 12 月 23 日 A6 版。

方言的研究，都涉及与古代汉语各方面的关系，尤其在考证本字、语音、词语等方面。

四、本书的研究方法

1. 注重文献记载和实际相结合

注意古代文献中的相关理论、相关语言事实的记载，结合实际的方言现象。

2. 感性认识和理性认识相结合

对语言现象的认识是一种感性认识，通过演绎归纳，弄清、整理出其中存在的规律就是理性认识，在这个基础上形成观点和看法。

3. 比较的方法

通过语言各方面因素的比较，古代汉语和各方言之间的比较，方言之间的比较，摘取较典型、较有代表性的例证来说明问题。尤其注意历时的继承和发展、共时的差异和变化。

例如，对古语词的判定：在古典作品里用的而现在不用或者很少用的词；古语词与新生词相对应；现代口语中有同它相对应的词。通过这样的界定和比较，就可以把问题基本弄清楚。

4. 用发展的观点看待问题

方言对古代汉语因素的保留，往往不是一成不变的，要注意到继承后的发展，如“鼻”——鼻子→鼻涕→闻、嗅（客家话、潮汕话的共同词）。“鼻《广韵》：毗至切。闽语读音合广韵，字义扩大兼指鼻涕并用作动词表示‘闻、嗅’，有些客家话同此，这是方言词义扩大的典型词目。”[①] “鼻”用作名词时，指器官是方言和通语的共性，从古到今都是一致的；但客家话和潮汕话，它的意义逐渐引申出指鼻涕的名词，指闻、嗅的动词，凡指闻到气味就是“鼻”，这是古语和普通话所没有的，表现出其差异性。

继承的先后有不同，因各种原因造成的保留也不同，又有各自

---

① 侯精一：《现代汉语方言概论》，214 页，上海，上海教育出版社，2002.

的发展变化，才造成不同方言之间语音的差异。如“鼻”在古代是浊声并母字，虽然客家话和潮汕话都引申用作动词，但客家话是送气清音，潮汕话则归入不送气清声；不同方言之间语音的某些差别也会不断扩大或接近，因此造成的结果就会完全不同。

认识和研究语言现象往往综合运用各种方法，例如，对潮汕话“丈夫”一词，通过跟现代普通话的对比，跟古义对比，跟古音对比，可以看到这个词对古代的继承和在此基础上的发展演变，从而可以补充辞书释义的不足。

潮汕话说：“乌乌粗粗，正是丈夫。”问人生孩子的性别：“生丈夫还是生姿娘?”其中的“丈夫”，都是通称男子，第一例指成年男子，第二例指男孩。这正是上古汉语的意义。例如：

①王欲伐宋，杀其丈夫而囚其妇人。(《左传·哀公十三年》)

②丈夫亦爱怜其少子乎?(《战国策·赵策》)

③古者丈夫不耕，草木之实足食也。(《韩非子·五蠹》)

④生丈夫，二壶酒，一犬；生女子，二壶酒，一豚。(《国语·越语》)

从古音来看，“丈”属端系定母，“夫”属帮系并母；而潮汕话念［ta^{33}］［pou^{33}］，声母分别保留了上古的舌头音和重唇音。因此，从词义和语音两方面考察，潮汕话的“丈夫”是一个很纯粹的从上古继承下来的词。在“这个是丈夫囝”（这个是男孩子）里，潮汕话又给“丈夫”加上词尾“囝”，来指称年纪小的男孩。①

另外，在客家话里，说成年男女，不说男人、女人，而说“丈夫家”、“妇人家”。“丈夫”保留了古义，同时“夫”仍读重唇音；在词形方面，加上了词尾“家”，有变化。

广东人通常不说自己的配偶为“丈夫”，因为“丈夫”一词相当程度上保留了古义。这个古义，在一般的字典辞书如《辞源》、

---

① 唐宏林：《浅析澄海方言中的古语词及其训诂意义》，华南师范大学中文系2004届本科毕业论文。

《大辞典》看到都将“丈夫”解释为“成年男子的通称”。但从上古书中的情况和在潮汕话的遗留看，这样的解释都是不够全面的，应该改为“男性的通称”比较恰当，或加上“也泛指年纪小的男性”。

这个案例，既反映了认识问题的途径，要求要多角度全面地展开考察，才能看清本质，也反映了方言内涵的丰富性。

第二章　语　　音

从汉语各方面的因素来看，语音的发展变化是最明显的，也呈现很多规律性的东西。广东地处祖国的南部，语音变化相比共同语就要缓慢多了，表现为古音的保留在各方言都不同程度地存在，有同有异，各有特色。

一、广东各方言的声韵调简介

（一）汉语声韵调的历史变化

王力的《古代汉语》将上古的声韵拟为声母 32 个，韵部 30 个。袁宾的《近代汉语概论》则将隋唐以后的发展概括为：隋唐时代的《切韵》、《广韵》的声母是 36 个，韵部不计声调、四声相配是 61 个；元代《中原音韵》的声母是 25 个，韵部是 19 个；现代北京话的声母是 23 个，韵部是 16 个。上古至现代声韵数量变化如下：

	上古拟音		广韵		中原音韵		现代
声母：	32	→	36	→	25	→	23
韵部：	30	→	61	→	19	→	16

袁宾强调，语音的变化由繁趋简，是近代汉语语音尤其是北方话语音的总的特点。从上列的声韵数量变化来看，《广韵》以后，无论声母还是韵部，数量都是越来越少。上古的语音系统重建还正在不断进行中。

声调由中古的平声、上声、去声、入声四声变为现代的阴平阳平上声去声的四声，其差异也是很明显的，所谓“平分阴阳，入派三声”，总结了其中规律性的变化。一般还认为，中古应有四声八调。隋唐时代，声母既有清浊之分，四声也应有阴阳之别；但六朝时的四声说影响很大，而声母的清浊对立掩盖了调值的区别，就使当时的人们未能看清四声八调的事实。现在的方言声调很给人启发，潮汕话正好是8个调，粤方言是9个调，客家方言是6个调，印证了早期调值和变化的事实。清声母字归阴调，浊声母字归阳调，在方言中也得到证实。

（二）声母、韵母、声调的数量减少了

汉语语音总的发展是由繁趋简的过程。从隋唐时代的《广韵》到元代的《中原音韵》，声母由36个减少到25个，韵部从61个（四声相配，不计声调。包括声调是206韵）减少到19个，这是从历史发展的角度得出的结论。而将语音发展的这种现象放到语言发展的整体去看，又会有新的发现：与语音由繁趋简的情况相配套，词汇方面的变化则是双音词和多音词的数量增加，出现了许多加缀式双音词和具有能产性质的多音词语结构；构词法方面产生了不少新的前缀、后缀，使词缀的使用比较频繁和普遍。这样，词汇的变化就由单音词为主逐步发展为以双音词为主。这种变化也从一个角度印证了事物发展的一般规律：语言作为一个整体，内部自有其运动变化规律，各个环节互相补充，互相依存；或此消彼长，或共同发展，使之保持相对的平衡稳定，以满足同样在不断发展变化的思维和表达的需要。因此，我们在看问题时，不但要用历史的发展的眼光去看待事物，还要有全面的整体的观点，才能看清事物的本质特征。如果只是把语音的发展当作孤立的现象，就很难解释它为什么走由繁趋简的方向，而不仅看到语音，还看到词汇、语法等多方面的现象，语言变化问题的答案就自然得出了。

（三）广东各方言声、韵、调的变化

广东各方言的声、韵、调，并没有跟随共同语的改变而改变，而是有各自不同的保留和变化，表现了有同有异的特点。

客方言（梅县）：声母17个，韵母77个，6个调

17个声母的代表字为：

巴 扒 妈 花 哇 打 他 拿 拉 抓 差 沙 家 卡 牙 下 阿

6 个调及其代表字为：

阴平	阳平	上声	去声	阴入	阳入
花	华	摆	教	百	白
天	田	比	豆	足	食

粤方言（粤海片）：声母 18 个，韵母 85 个，9 个调

18 个声母的代表字（n、l 在某些口语不分）为：

巴 抛 麻 科 多 拖 努 黎 支 此 诗 爷 基 溪 牙 蛙 希 欧

9 个调及其代表字为：

阴平	阳平	阴上	阳上	阴去	阳去	阴入	中入	阳入
诗	时	史	市	试	事	色	锡	食
边	棉	扁	免	变	面	必	鳖	灭

潮汕方言：声母 15 个，韵母 85 个，8 个调

15 个声母的代表字为：

芭 抛 米 麻 唐 他 来 家 巧 牙 夏 亚 渣 叉 沙

8 个调及其代表字为：

阴平	阳平	阴上	阳上	阴去	阳去	阴入	阳入
诗	时	始	是	世	示	薛	蚀
冬	同	党	荡	蛋	洞	鞄	达

“君”字八调：（两个上声字相同，实际只有 7 个调）

君、滚、棍、骨

群、滚、郡、滑

各方言之中，在不同地域，其声、韵、调也都存在或多或少的差异。就语音来说，离开中原越早，保存古音越多，而同一谐声偏旁的字，它的声母或韵部在上古往往是同类的。

二、早期前贤有关广东各方言古音保留的综述

王力先生说："现代汉语的方言是复杂的；正是由于方言的复杂，更有足够的语言事实来证明汉语发展的过程。例如粤方言保存着古代的-m，-p，-t，-k 等韵尾，吴方言保存着浊音系统，都可以拿来和古代的韵书、韵图相印证。我们不但由现代方言中证实了古音的系统，我们甚至能利用方言的事实来'重建'古代的音值。"① 明清的学者利用古代文献的书面材料，对古音的研究取得了很好的成绩和突破性进展。同时，借助古音研究的成果来进行方言研究、借助方言事实以证古音，也逐渐成为语音研究的有效方法。

（一）客家方言古音保留概述

在古音方面，有代表性的是清末杨恭桓的《客话本字·客话源流多本中原音韵考》和罗翙云的《客方言·自序》，这可以说是早期的两篇论及客方言语音存古的论文，其中论及客家话与古代语音相通相同之处，他们都注意借鉴明清学者对上古、中古语音研究的成果，结合古代文献的材料，结合当时当地的客家方音实际，总结出不少带规律性的特点。

杨恭桓在文中论及客家话"语言之特别，多合中原之音韵，尤确而有征"，保留了不少上古汉语语音，可以归纳为如下方面：

其一，杨恭桓认为，相当一部分词语保留了上古的重唇音和舌头音，"知呼为低，飞呼为卑，中呼为冻，负呼为闭，扶呼为蒲，房呼为旁，分呼为奔，舞呼谟上声，问呼门去声，望呼亡去声，此正合《广韵》交互类隔之一说"。

其二，杨恭桓认为，诗韵三"江"，古通"东"、"冬"，不仅从古谚"五经无双许叔重"，"双"与"重"韵，"天下无双，江夏黄童"，"双"与"童"韵得到证明，客家话的"双"、"艭"、"窗"、"幢"、"撞"等多从"东"韵读，也正是汉以前古音。

---

① 王力：《王力文集·第九卷·汉语史稿》，28 页，济南，山东教育出版社，1988。

其三，杨恭桓根据《汤问》、《淮南子》、《诗经》等的押韵情况，考察“庚”韵诸字多从“阳”韵偏旁得声，认为“庚”、“阳”韵上古相通，而客家话于“庚”韵中的许多字都读为“阳”韵之音，“此则保存古音，征于一韵者也”。此外，还举上古诗文“元”和“文”相通，“庚”和“东”、“冬”相通的用例，论证与客家语音正好相同，以此来证明客家话中存在的上古音。

罗翙云的《客方言·自序》对杨恭桓提到的客家话对上古音的保留有进一步的阐述和发扬，罗翙云在此基础上有自己的发现。他在文中直接引用明清学者有关上古音研究的结论，跟客家话音互相引证，厘清线索和其中的规律，论及客家话与古代语音相通相同之处，条理分明地归纳为八个方面。他用活的语言反证古代语音的情况，也从内容上充实证明了明清研究者的一些观点。可以归纳为：一是舌上归为舌头。二是轻唇读入重唇。钱大昕曰：“古音字纽有端透定，无知彻澄；有帮滂并明，无非敷奉微。”罗翙云还补充列举了客家话词：谓值为抵，谓中为东，谓至为鼎，谓涿为笃，谓粪为笨，谓斧为补，谓肥为皮，谓尾为米，谓无为茅等，都“与钱氏之说符”。用钱大昕在宋人交互类隔之说基础上提出的古无舌上音和古无轻唇音的观点，说明了客音在这方面存古的情况。三是用客家话的例子证明章炳麟的古音日纽、娘纽归泥之说。在客家话中的“尔”、“乳”（读能去声）等读泥母，“尼”、“柅”、“怩”、“呢”等读同泥音，“然”、“而”、“如”、“若”、“让”、“辱”等归影喻，“饶”、“肉”、“人”、“忍”等读疑母。用这些中古属日纽、娘纽的字，说明“客人不能作日纽”，客家话一部分娘纽字归泥，“大抵客音读娘，概与疑混用，疑母不必用娘母”。四是用客音耕、清、青韵诸字与真、臻韵诸字读音无别，后鼻音字相当部分读入前鼻音、前后鼻音相混的事实，证明上古音现象，即顾炎武所说中古“真、谆、臻，不与耕、青通，然古人于耕、青韵中字，往往读入真、谆、臻”，此“非三百篇之正音，抑亦秦汉之古音矣”。五是上古大量韵文庚、阳不分，而客家话“迎读如娘，庚读如刚，氓读如忙，阬、行读如杭，横、衡读如王，入阳韵矣”。即庚韵字不少读入阳韵，证明“客音存古”。六是用客家话江部字多读入东韵的事实，证明段玉裁的“江韵今音近阳韵，古音同东韵”观点。如窗、聪同音，从双得声之字、从空得声之字并韵东。七是用客家话完全保留闭口韵的事实，印证了段玉裁的“今音多侈，古音多敛”之说。如“侵、覃、谈、盐、添、咸、衔、严、凡，古皆闭口音也”，“客音于此九部之字，全读闭口，是尤古音之遗而未经迁者也”。八是考长乐（今五华）话没有去声，凡去声字皆转为上声，来证明段玉裁的“古无四声，仅有平上入三声”之说。除了《客方言·自序》提及的这八点，从《客方言》词语音义解释中还可看到另一条客家话语音规律：“客无撮口音”，符合宋元时人对古韵只分开口、合口的认识。

（二）粤方言古音保留概述

黄锡凌的《粤音韵汇》包括“粤音韵汇”和“广州标准音之研究”，是中国第一部用国际音标记录和研究广州方音的著作。“粤音韵汇”按韵母的主要元音安排字之顺序，其他如读书音、口语音、今读、旧读、一字多音、变调等都有注解。《广州标准音之研究》（中华书局，1941）对广州音作了详细叙述，注重提示语音变化的情况及其规律，注意分析声调的变化，对后来的粤音研究影响较大。①

在粤方言中，古明、微二母字合而为一念合口音［m-］，正是上古声母的特点。一部分古疑母字仍念牙音。保留对应的三个鼻音韵尾和三个塞音韵尾。

（三）潮汕方言古音保留概述

清朝刘家谋的《操风琐录》四卷，前两卷多以闽音证古音，总结了一些闽方言存古的明显规律，也符合潮汕话的特点。例如：一是闽方言无轻唇音，无舌上音，合于“古无舌上音”、“古无轻唇音”之说。二是论证“娘”、“日”、“泥”三母偏旁多有相谐，先于章炳麟的娘纽、日纽二纽归泥说。后两卷释闽方言，先列雅

---

① 《中国语言学大辞典》，889 页，南昌，江西教育出版社，1991。

言，后举闽语，多引群书以证，也论及音义。[①] 三是王力说："客家方言里也没有撮口呼，所以鱼虞韵非知照系字一般念入 i 韵……闽南方言在这点上和客家方言非常近似。它也没有撮口呼，但是鱼虞韵非知照系字不是入 i 韵，而是入 u 韵。"[②] 既指出两方言保留古音的同点，也指出了不同的变化。四是白读音中有丰富的鼻化韵、鼻塞音，大概是阳声韵尾和塞音韵尾在语音发展过程中有所脱落而成。

三、广东各方言的一些浊声母字的读音的系统流变

(一) 汉语的浊音清化

对于声母的分类，古人有"五音""七音"之说，五音指喉、牙、舌、齿、唇，七音是在五音的基础上加上半舌、半齿构成，这大都是由声母的发音部位来分的。另一种分类是从发音方法来分，根据发音时声带颤动与否把声母分为两类，声带不颤动的称清声母，声带颤动的称浊声母。

中古 36 个声母中有 10 个浊声母（古称全浊声母）：

并定澄群（塞音）
从床（塞擦音）
奉邪禅匣（擦音）

以上 10 个浊声母到金元时代各自转变为发音部位相同的清声母。清化是很有规律的，塞音和塞擦音平声变为送气清声，仄声变为不送气清声。

在清化之前，清声母字读阴调，浊声母字归阳调。[③] 根据这种情况，可对照方言中的原清、浊声母字是否符合中古的分类。

---

① 《中国语言学大辞典》，887 页，南昌，江西教育出版社，1991。

② 王力：《王力文集 · 第九卷 · 汉语史稿》，222 页，济南，山东教育出版社，1988。

③ 袁宾：《近代汉语概论》，55 页，上海，上海教育出版社，2000。

浊音清化是造成《中原音韵》音系中声母数目减少的主要原因。唐宋时期的36个字母如下：

帮滂并明（重唇）
非敷奉微（轻唇）
端透定泥（舌头）
知彻澄娘（舌上）
精清从心邪（齿头）
照穿床审禅（正齿）
见溪群疑（牙）
影晓匣喻（喉）
来（半舌）
日（半齿）

其中10个浊声母分别为：并定澄群（塞音）、从床（塞擦音）、奉邪禅匣（擦音）。去掉这10个浊声母，原36个声母就变成26个。

（二）广东各方言的浊音清化

广东各方言中浊声母字也同样清化，但表现各有不同。在客家话中，塞音和塞擦音不论古四声，全读送气清音（念送气音的字特别多，如“坐”、“舅”、“穷”、“球”、“件”、“倍”、“病”、“鼻”、“白”、“直”），少数例外读不送气清音（如“佢”、“队”、“辫”、“笨”）。粤语中大都平声送气，仄声不送气，只有少数上声字念送气声母（如“抱”、“舵”、“距”）。潮汕话中多数读不送气，少数读送气（读不送气的如“病”、“条”、“直”、“钱”、“舅”，读送气的如“皮”、“柱”、“头”）。粤语在这一点上跟《中原音韵》中反映的变化基本相同；潮州话和客家话的变化跟《中原音韵》中所述的情况不太相同，互相之间又正好相反。

声调的阴阳和声母的清浊有联系，在粤、潮、客家方言都一样，就是古清声母字念阴调，古浊声母字念阳调。也就是说，古浊声母字在方言中应是：阳平、阳上、阳去、阳入。读者可根据自己掌握的方言试试是否符合这种情况：

琵鼻伴拔（并）
浮父饭伏（奉）
途肚度达（定）
持柱撞逐（澄）
财在字杂（从）
斜寺序俗（邪）
蛇柿射舌（床）
时受是熟（禅）
求跪共局（群）
霞下夏滑（匣）

据袁宾的《近代汉语概论》，唐五代时以西北方言记录的敦煌写本中，仕$_{浊上}$和事、被$_{浊上}$和备都有互相借用的情况。唐代诗歌也出现浊声母上声字和去声字押韵，南宋朱熹（江西人）著作中的反切表明浊音清化在北方方言以外的某些方言中发生得更早（《诗集传》、《楚辞集注》中的反切可说明10个浊声母已全部归并入相应的清声母）。

客家话中的浊声母字读入送气清音。例如：

并母：拔白别勃避薄罢鼻被步部败暴抱辨辩伴濒病

定母：达大待怠荡代贷逮弹淡宕道稻蹈盗迪狄敌地弟第电甸殿奠调蝶叠迭定动洞豆读毒独杜度断段兑钝遁夺惰

群母：屐极及忌技俭健键轿杰竭近旧臼舅局巨拒炬惧剧掘菌

从母：疾嫉践贱渐瞧截捷尽静靖净就聚绝

匣母：［v-］畦完皖滑猾黄镬横划话换浑会

［f-］呼虎花忽淮灰辉惠活或

［h-］孩好夏何合学

擦音“匣”母字一分为三，虽无关是否送气，其归类也跟普通话很少相同的。

四、广东各方言中的塞音韵尾和双唇（合口）鼻音韵尾

塞音韵尾：

-p　　-t　　-k
合立　日达　白北

鼻音韵尾：

-m　　-n　　-ŋ
甘金　间难　耕冈

相配和对立：中古以前的韵部塞音韵尾有 3 个，鼻音韵尾有 3 个，从韵尾的发音部位来说，是合口相对，舌尖相对，舌根相对；古称塞音收尾的韵部为入声韵，鼻音收尾的韵部为阳声韵，入声韵和阳声韵对应得很整齐，又表现为互相配合。中古平、上、去、入四声中入声韵的消失（合→平声，日→去声，白→平声）是跟塞音韵尾的消失直接联系在一起的，而合口（闭口）韵尾也并入前鼻韵尾（侵寻咸谭 -m→ -n）。

各地方言语音演变不同步的情况，文献里时有反映，例如：

戏妻族语不正①

唐·胡曾

呼十却为石，［十 -p，石 -k］
呼针将作真，［针 -m，真 -n］
忽然云雨至，
总道是天因。［阴 -m，因 -n］

《戏妻族语不正》这首古诗生动地说明了不同方言的语音存在的差别。其妻子所操的方言发展变化快，“十”和“石”因不同的塞音韵尾消失而变为同音；“针”和“阴”的合口鼻音韵尾已并入前鼻韵尾，“针”和“真”、“阴”和“因”也因此成为同音字。

---

① 袁宾：《近代汉语概论》，74 页，上海，上海教育出版社，2000。

就是说胡曾的妻族语中已没有前面提到的塞音韵尾［-p］、［-t］、［-k］和合口鼻音韵尾［-m］了，胡曾的方言却仍然保留着这些韵尾，他意识到这些差别，因而有意借此笑话他的妻子。

“如熊安生辈，本河朔人，反切多用北人音……如‘璧有肉好’，肉音揉者，北人音也。‘金作赎刑’，赎音树者，亦北人音也。至今河朔人谓肉为揉，读赎为树。”① 这段话说明宋时河朔人已把入声字“肉”、“赎”读作非入声字，反映了入声消失的情形。

广东各方言大多完整地保留了塞音韵尾和合口韵尾，并且跟古音的界线相符，这样就方便了广东人对这些古代韵部的理解。例如：

咏煤炭

明·于谦

凿开混沌得乌金，藏蓄阳和意最深。
爝火燃回春浩浩，洪炉照破夜沉沉。
鼎彝元赖生成力，铁石犹存死后心。
但愿苍生俱饱暖，不辞辛苦出山林。

《咏煤炭》这首诗押合口侵韵，押韵字“金”、“深”、“沉”、“心”、“林”从普通话来看分属［-in］、［-en］两个韵部，彼此并不押韵；但用广东的方言读，它们仍然是合口押韵的。

潮汕话白读音中鼻音韵尾变读为鼻化韵，塞音韵尾变读为喉塞音，韵尾整体的脱落变化，生动地证明了前人对古韵的阴、阳、入对转之说，也提示了语音历史演变的可能性和过程。

下面是读塞音韵尾和合口韵尾的字，可结合方言的读音去体会：

腊鸭接纳夹杂［-p］
脱节物杰律察［-t］
作客黑白德国［-k］

多多包涵　夸夸其谈　咸淡不分　科学实验　一枕黄粱　石沉大海　绿林好汉　对牛弹琴（［-m］加点的字读合口鼻音韵尾）

① 袁宾：《近代汉语概论》，67页，上海，上海教育出版社，2000。

元代之前北方话中塞音韵尾的消失，跟入声韵的消失联系在一起，使《广韵》中 30 多个以塞音作韵尾的入声韵绝大多数归入单元音的韵部，从而减少了韵母的数目。塞音韵尾和合口韵尾的保留，是今天方言韵母数量多的主要原因。

五、古代汉语的平仄和广东各方言的平仄的关系

（一）古代语音的平仄变化

明代杭州人“呼玉为御，呼一撒为倚撒，呼百零香为摆零香，兹皆汴音也……教谕张杰尝戏曰：‘高宗南渡，止带一摆字来。’”① 说的是当时的临安由于宋室南迁，汴人涌入带来的语音变化，入声韵消失了，如“玉”、“百”的塞音韵尾［-k］脱落，跟“御”、“摆”同音；“一”的韵尾［-t］脱落而跟“倚”同音，变得跟周围仍有入声韵的江浙方音的情况不尽相同。

《中原音韵》揭示当时已发生的声调变化是：平分阴阳，浊上变去，入派三声。

入声韵从声调上来说是古四声之一，从韵部来说是带塞音韵尾［-p］、［-t］、［-k］的韵，它们的发音特点之一就是短促。对古四声的分类有两种：一种分类是从声音长短的角度分为舒声、促声，平声、上声、去声三声为舒声，入声单独称为促声；另一种分类是从声音高低升降的角度分为平声、仄声，平单独称为平声，上声、去声、入声为仄声。平仄的分类被广泛运用于诗歌骈赋的写作中，以构成诗句抑扬顿挫、高低起伏的音乐美感。

明释真空的《玉钥匙》歌诀形容中古四声的发音方法：“平声平道莫低昂，上声高呼猛烈强，去声分明哀远道，入声短促急收藏。”试用方言念以下的词语，即可体会入声字短促的语音特点：“官场势恶，明捧暗克，无可救药，民喜瑞雪，勤勉度日，虽苦快活，无祸自福，为善最乐，模范事迹”（四字按平声、上声、去声、入声四声排列。“祸”、“善”、“范”原是浊声母上声字，在

① 袁宾：《近代汉语概论》，75 页，上海，上海教育出版社，2000。

普通话和一些方言中变为去声了[1])。

入派三声的变化是有点规律的，表现为从古声母的角度看全浊声母字归阳平，次浊声母字归去声；而清声母字在《中原音韵》归上声，只是发展到后来就似乎没什么规律可循了，分别归入平声、上声、去声三声，让人分辨起来有些难度。

（二）广东方言语音的平仄

平分阴阳应是隋唐时代四声八调、各声分阴阳的遗留，在方言中情况跟隋唐时有同在异，如粤语的四声九调，八调之外还有中入；潮汕话对应最整齐，四声八调；客家话则是平、入两声分阴阳，上、去不分阴阳，共六调。三种方言都保留了平上去入四声，并且跟古音相对应。王力先生说："粤方言和客家方言完整地保留韵尾［-p］、［-t］、［-k］，闽北方言的入声韵尾，一律变为［-k］。"而闽南方言之潮汕话仍有塞音韵尾［-p］、［-t］、［-k］（或说无［-t］、［-n］）。

差异较大的是客家话中的上声古全浊声母字有小部分读阴平（如"弟"、"上"、"舅"、"重"），上声古次浊声母字大部分读阴平（如"马"、"买"、"领"、"语"），这就造成其中小部分仄声字混同平声（其原因待考）。

（三）利用方言中的入声

利用方言中的入声来辨别古诗词中已派到平声中的仄声字，可以帮助正确认识诗词、联句中的平仄关系和押韵情况。

这是最直接、最有效的方法。否则，就要死记一些规则来辨认古诗词中的入声字，比较麻烦。前面说过，古代的仄声指上声、去声、入声三声，在近体诗歌中，平仄交替构成最突出、最重要的格律因素；在诗词中，押韵字要求是同一声调的字。因此，分清古代四声是欣赏诗词的基础。"平分阴阳"还是平声；"浊上变去"虽然声调变了，但还在仄声范围，不妨碍诗歌平仄的辨别。"入派三声"中派到上声、去声的也仍是仄声，只是派到平声的（阴平、

---

① 田范芬：《近代汉语》课件，2008。

阳平）需要辨别。押入声韵的诗歌由于派入平声、上声、去声三声各不相同，在今人看来不押韵了。这时就要充分利用方言保留了入声的特点，把欣赏诗词的平仄格律和认识古代汉语的入声字联系起来，就能真正把格律掌握好。

三绝句之一

杜 甫

二十一家同入蜀，惟残一人出骆谷。
自说二女啮臂时，回头却向秦云哭。

《三绝句之一》这首诗押的是入声韵，押韵字“蜀”、“谷”、“哭”同属屋部。今天则分属上声和平声，不再押韵。

江 雪

柳宗元

千山鸟飞绝，万径人踪灭。
孤舟蓑笠翁，独钓寒江雪。

《江雪》一诗押入声屑韵，押韵字“绝”、“灭”、“雪”。今天三个字分属平声、去声和上声，也变得不再押韵了。

欣赏诗词时辨别平仄，不妨先用普通话把诗歌读一遍，可找出仄声的上声、去声二声字和古入声字派入上声、去声二声的字；也会发现有些地方（主要是古入声派入平声的字）不符合律诗的平仄格式。这时再用方言去读，辨出普通话平声而方言是入声的字，将其平仄纠正过来，基本上就没有问题了。例如（平声标为 –，仄声标为 | ）：

送 友 人

李 白

青山横北郭，白水绕孤城。
– – – | –　– | | – –（普通话）
– – – | |　| | | – –（方言）

此地一为别，孤蓬万里征。
｜｜－－－　－－｜｜－（普通话）
｜｜｜－｜　－－｜｜－（方言）
浮云游子意，落日故人情。
－－－｜｜　｜｜｜－－
挥手自兹去，萧萧班马鸣。
－｜｜－｜　－－－｜－

《送友人》是一首五言格律诗，首句不入韵，末字一定是仄声；三句末字也必须是仄声。“郭”、“白”是带［-k］韵尾的入声字；“一”、“别”是带［-t］韵尾的入声字。但用普通话读，“郭”、“别”都是平声，不符合格律要求，用广东不同方言读两字都是入声；同样今天读平声的“白”、“一”也是入声字，按照方言读音将它们标为仄声就完全符合本首的平仄格式了。第六句“落日”两字也是入声字，在普通话里转为去声，但仍属仄声，故不用再作区别。

左迁至蓝关示侄孙湘

韩　愈

一封朝奏九重天，夕贬潮州路八千。
①－－－｜｜－－　－｜－－｜－－
②｜－－｜｜－－　｜｜－－｜｜－
欲为圣明除弊事，肯将衰朽惜残年。
①｜｜｜－－｜｜　｜－－｜－－－
②　　　　　　　　｜－－｜｜－－
云横秦岭家何在？雪拥蓝关马不前。
－－－｜－－｜　｜｜－－｜｜－
知汝远来应有意，好收吾骨瘴江边。
－｜｜－－｜｜　｜－－｜｜－－

登 高

杜 甫

风急天高猿啸哀，渚清沙白鸟飞回。
①－－－－－｜－　｜－－－｜－－
②－｜－－－｜－　｜－－｜｜－－
无边落木萧萧下，不尽长江滚滚来。
－－｜｜－－｜　｜｜－－｜｜－
万里悲秋常作客，百年多病独登台。
①｜｜－－－｜｜　｜－－｜－－－
②　　　　　　　　｜－－｜｜－－
艰难苦恨繁霜鬓，潦倒新停浊酒杯。
①－－｜｜－－｜　－｜－－－｜－
②　　　　　　　　－｜－－｜｜－

（以上两首格律诗所标平仄格式，“①”为按普通话读音标出的平仄，“②”为按方言读音标出的平仄。一句如同时标有“①”“②”两种格式，则“②”才是正确的平仄格式）

在《左迁至蓝关示侄孙湘》一诗中，“一”、“八”是带［-t］韵尾的入声字，“夕”、“惜”是带［-k］韵尾的入声字。“肯”句如果依普通话把“惜”看作平声，后三字接连三个平声不合本首近体诗的格律，古人称之为三平调，是古体诗最明显的特点。按方言读音将这几个字标为仄声就合平仄规则了。

在《登高》一诗中，“急”是带［-p］韵尾的入声字，“白”、“独”、“浊”是带［-k］韵尾的入声字。一句和二句如果依普通话把“急”、“白”看作平声，两句开头四字的平仄就都没有交替，两句之间的平仄也并不对立，就不是律句了。王力先生说，律诗的平仄规则是，“平仄在本句中是交替的；平仄在对句中是对立的”。[①] 把“独”看作平声的话就是三平调，也是不合律的。按方

① 王力：《诗词格律》，8页，北京，中华书局，2000。

言读音将这几个字标为仄声就合平仄规则了。

词的平仄格式跟律诗的不同，总的来说是规定得更细致、更多样，基本上是一个词牌一种格式，所以叫填词。下面举的几首，其中都有入派三声中派到平声的入声字，因此妨碍了平仄的正确识读。同样可以利用方言，问题就迎刃而解了。例如（标有“▲”的字为韵脚）：

忆秦娥（46字，双调）

李　白

箫声咽，秦娥梦断秦楼月。秦楼月，年年柳色，霸陵伤别。
平(平)仄，(平)平(仄)仄平平仄。平平仄，(平)平(仄)仄，仄平平仄。
▲　▲　▲　▲

乐游原上清秋节，咸阳古道音尘绝。
(平)平(仄)仄平平仄，(平)平(仄)仄平平仄。
▲　▲

音尘绝，西风残照，汉家陵阙。
平平仄，(平)平(仄)仄，仄平平仄。
▲　▲

《忆秦娥》中常用入声韵。按普通话韵字“咽”、“月”、“阙”是去声，“别”、“节”、“绝”是平声，两声调都不合格律，且破坏了整首韵律的完整性。按方言诵读，这六字都仍是入声押韵，味道就出来了。

菩萨蛮（44字，双调）

李　白

平林漠漠烟如织，寒山一带伤心碧。
(平)平(仄)仄平平仄　(平)平(仄)仄平平仄
▲　▲

暝色入高楼，有人楼上愁。
(仄)仄仄平平　(仄)平(平)仄平
△　△

玉阶空伫立，宿鸟归飞急。何处是归程？长亭连短亭。

㊀平平仄仄 ㊀仄平平仄 ㊀仄仄平平 ㊀平㊉仄平

▲ ▲ △ △

《菩萨蛮》的中间平仄换韵。第一韵“织”、“碧”相押，第三韵“立”、“急”相押。按普通话韵字一为平声、一为去声，而平声、去声是不能通押的。按方言诵读，这四字都仍是入声且两两同韵，就符合词牌的要求。

渔歌子（27 字，单调）

张志和

西塞山前白鹭飞，桃花流水鳜鱼肥。

㊀仄平平仄仄平 ㊉平㊀仄仄平平

△ △

青箬笠，绿蓑衣，斜风细雨不须归。

平仄仄 仄平平 ㊉平㊀仄仄平平

△ △

《渔歌子》中的“白”、“鳜”两个入声字在普通话已归入平声，而词牌规定这两字的位置只能用仄声，不合格律要求。按方言读它们仍是入声字，合古音，符合格律。

又如，《满江红》、《念奴娇》一般都押入声韵。其中一些句子如“尽将灯火归村郭。伤漂泊。山如削。平生况有林泉约”（柳永《满江红》），“一时多少豪杰。雄姿英发”（苏轼《念奴娇》），都有今天归入平声的韵字，可以通过方言诵读，加深对入声的感觉和理解掌握。

对联，又称对子、联句，实际上跟律诗的对仗句差不多。对联由对偶句发展而来，受骈文讲究对仗和声律的影响，又随着格律诗的成熟（典型的格律诗每首八句，两句一联，中间两联常要求对仗，简称“对联”）而成为人们喜闻乐见的文学样式。因为对联跟对仗句的关系，赏析对联也跟平仄、入声的识读有关。新中国成立前，清华大学教授陈寅恪在一封给友人的信上说：“能对对子，才能分辨虚词、实词，才会区别平声、仄声韵；对子作得好和坏，可以看出一个人读书的多少、词汇之贫富以及思维、逻辑能力等。”有一年的招生考试，他在国文试卷上加了一道对联试题，出的上联只有三个字“孙行者”。结果反响很剧烈。许多考生根本没有从对仗、律句的角度去考虑做题。只有一名考生得了满分，他对之为“胡适之”。分析上下联之间的关系，可看到两联是姓相对，名字相对，音节平仄相对，中间动词相对，最后是代词相对，实在是妙极了。这件事发生在20世纪30年代初，当时社会上、教育界都议论纷纷，以至后来的几十年中没有再见到高考出有关对联的题目了。[①]

直到2004年，广东命题的高考卷又出现了这样的题目，而且颇有地方特色。试题中的上联是：

荔枝龙眼木瓜，皆是岭南佳果

参考答案是：

月季牡丹金桂，莫非海内奇葩
广绣彩绘牙雕，堪称南粤绝活（宽对）
骑楼天井趟门，堪为羊城奇观（宽对）

说后面两个下联为宽对，是因为其中有些平仄对得不那么整齐。如“果”对“活”，从古音说两个字都是仄声不对。由于对联的通俗化和生活化，一般平仄要求不像律诗的对仗那么严格，但最后一个字往往要做到仄对平，偶尔见到或平对仄。

一些历史上的联句，末尾或句中的平仄相对之入声在普通话里已读平声，用广东各方言吟读则对得工整。例如：

马足踏开岸上沙，风来复合；
橹梢拨破江心月，水定还原。

① 彭友元等：《对联趣话》，118页，武汉，湖北教育出版社，1983。

宝剑锋从磨砺出；
梅花香自苦寒来。

踏破磊桥三块石；
搬开出路两重山。

地中取土加三点以成池；
囚内出人进一王而得国。

闭门推出窗前月；
投石冲开水底天。（苏小妹三难新郎之三）

三绝诗书画；
一官归去来。

大泽龙方蛰；
中原鹿正肥。

三个铜钱贺喜，嫌少勿收，收则爱财；
两间茅屋迎宾，怕穷莫进，进为贪吃。

入声韵的辨读识别，是现代人赏析古诗词、体会古人平仄韵味的最大障碍。身居有丰富方言资源的广东，只要结合前人总结的规律，利用自己的方言并用心去认识体察，就可以攻克它，收到事半功倍的效果。

六、“古无轻唇音”和广东各方言中保留的重唇音

（一）上古无轻唇音

钱大昕[①]提出和论证的“古无轻唇音”、“舌音类隔之说不可

---

① 钱大昕（1728—1804），字晓征，号辛楣，又号竹汀，晚年自号潜研老人。嘉定（今属上海）人。乾隆十九年（1754）进士。博学多才，著述丰富，精通经史历算音韵训诂金石等，被当时推为通儒，就像后来说的国学大师。累官至詹事府少詹事，提督广东学政。参编《音韵述微》、《续文献通考》、《续通志》等，著有《经典文字考异》、《声类》、《廿二史考异》、《十驾斋养新录》、《潜研堂诗文集》、《竹汀日记钞》等。

信”之说，证明古无轻唇、重唇和古无舌头、舌上的分别。由他创立的关于上古声母的这两个学说，对后世古声研究的影响很大。后人归纳为“古无轻唇音”和“古无舌上音”两大学说，在此基础上，从不同的角度加以补充论证，尤其补充了许多方言、译音和对音材料，使之不断地完善和清晰。

钱大昕认为，上古无轻唇音，只有重唇音，并提出了几点根据：

（1）形声字的声符。例如：“冯”，从仌（古“冰”字）得声。“仌”是重唇音，“冯”是轻唇音。

（2）古书中的异文。例如，《诗·邶风·谷风》：“凡民有丧，匍匐救之。”《礼记·檀弓下》把“匍匐”引作“扶服”，《孔子家语》引作“扶伏”。“匍”是重唇音，“扶”是轻唇音。

（3）古代读音，即利用古书注解中的注音材料。例如，《说文解字》：“娓，顺也，读若媚。”“媚”是重唇音，“娓”是轻唇音。

（4）声训，即利用古书注解中用音同音近字来解释词义的材料。例如，《释名》：“法，逼也。”“逼”是重唇音，“法”是轻唇音。

（5）古代的反切注音，主要指六朝以后的类隔切。例如，《经典释文》：“逢，薄红反。”《广韵》：“覆，匹北切。”“悲，府眉切。”“薄”、“匹”、“悲”是重唇音，“逢”、“覆”、“府”是轻唇音。

这些材料，可证明上古时轻、重唇音不分，却无法证明有此无彼。因此钱大昕引用了一些对音和方言的材料，如佛经的“南无”又读“曩谟”，而“无”在江西、湖南读如“冒”，可证明古无轻唇音。

现代学者补充了不少方言和译音、对音材料来证明，从多方面论证和丰富了钱大昕的理论。

在方言中，例如，闽方言没有轻唇音［f-］，保留了重唇的读法；“房”，厦门读作［boŋ］、［baŋ］，福州读作［buŋ］。

在译音中，例如，“梵文”［buddha］，古代译音浮屠，用“浮”字对译［bu］，说明“浮”在古代不念轻唇［f-］，而念重唇［b-］。

在对音中，例如，今朝鲜语中的汉字有些保留了古代重唇音。“风”读作［b'ug］，“方”读作［baŋ］。①

宋元时人总结切上字越类的反切。按反切常规，切上字的声类应与被切字一致，凡有不一致者，该反切即归为类隔切。类隔切包括：端知组类隔切，如“贮，丁吕切”；帮非组类隔切，如“贬，方敛切”、“悲，府眉切”；精照组类隔切，如“挫精母，侧照二母卧反”。这可以说明端知、帮非、精照各组声母在较早时不能区分或相当接近。后人不明音变，以为古人制作反切时有意取同类相隔的切上字。

王力先生认为，唇齿音的产生是在9世纪前后。因为唐末宋初的36个字母中已有非敷奉微；隋代《切韵》中尚用轻唇的切上字以切重唇，宋代《集韵》中已改为以重唇切重唇。例如：

贬，方敛切。(《切韵》)	贬，悲俭切。(《集韵》)
漂，抚招切。(《切韵》)	漂，纰招切。(《集韵》)
凭，扶冰切。(《切韵》)	凭，皮冰切。(《集韵》)
眉，武悲切。(《切韵》)	眉，旻悲切。(《集韵》)
便，房连切。(《切韵》)	便，毗连切。(《集韵》)

这种前后变化反映了《切韵》时轻重唇尚未分化，《集韵》时就已区分得很清楚了，才有必要替换反切上字。

另外，谐音偏旁：非悲、奉捧、甫捕、反板、真颠、分扮、末袜、番潘、文闵、免晚、不否、门问，等等。两字都是一重唇一轻唇，也说明它们有可能曾经同音。

(二) 广东各方言中保留重唇音的情况

1. 潮汕话轻唇读入重唇是普遍现象

例如：

分开　房间　放假　肥肉　食饭　沸水　心腹　方圆［p-］

① 《中国语言学大辞典》，102页，南昌，江西教育出版社，1991。

潮汕话非、敷、奉、微四母字大部分念重唇音，少部分念［h-］。闽方言（闽北、闽南）直到现代还是没有唇齿音，凡普通话［f-］的字在闽方言里是［b-］、［b'-］或［h-］。

客家话于非敷奉的字也保留着双唇的痕迹，例如，“肺”、“肥”、“缝”、“符”等字念［b'-］，“粪”、“复”等字念［b-］。吴方言也有个别字保留古读，例如，“防”字念［b'oŋ］。①

复旦大学周振鹤的《你怎么可能很“棒”》以从“丰”到“棒”的古今变化，谈字音的演变促成的字形的分化演变，既生动地补充了古无轻唇音的例证，也说明了语言发展各方面的联系。《诗·郑风·丰》有“子之丰兮，俟我乎巷兮”。毛传是“丰，豐满也”。时人以丰满为美，所以《诗》有《硕人》篇；称赞人漂亮是“美丰仪”。“丰”在上古应是重唇音。以“丰”为声符的“蚌”、“邦”现在仍读重唇；厦门话的“蜂”、“缝”也是重唇（潮汕话也如此）。所以古代的“丰”很可能读［baŋ］，后来重唇分化出轻唇，“丰”字读成了［f-］，而口头称赞人却还是［baŋ］，音义脱离了，就找了“棒”字来记这个音，才有今天的“你真棒”、“你很棒”。这样的解释，较符合语言发展事实。同样的道理，当“逢”由重唇变为轻唇音后，为了保持原来的读音和意义不致分离，就造了重唇的“碰”字，于是“逢面”成了“碰面”。这些变化和其中错综复杂的关系，是由汉字的非表音性质所决定的。②

“娥，媙，好也……赵魏燕代之间曰姝，或谓之妦。自关而西，秦晋之故都曰妍。好，其通语也。”（《方言》卷一）

按：扬雄给“丰”加上了女字旁，成了专用字，注解也是美的意思。这可作为周振鹤解释古人以丰为美的旁证。

---

① 王力：《王力文集·第九卷·汉语史稿》，148 页，济南，山东教育出版社，1988。

② 《咬文嚼字》，上海文艺出版（集团）有限公司，2009（9）、2009（12）。

周振鹤在他的文章中又说："英文称西藏为 Tibet，追根溯源则来自唐代时的'吐蕃'。""蕃"在当时读重唇如"播"。[①]"Coffee"在普通话是咖啡，在厦门话却读作"哥逼"，啡仍读入重唇音。这是从对音或方言的角度证明古音轻唇入重唇的材料。[②]

2. 客家话保留了一部分重唇音

客家话保留的重唇音字有：

飞 脯 分 发 粪 扶 吠 伏 缝 冯 无 浮 泛 孵 味 斧 辅 负 肥 负

打斧头　菜脯　沸水　辅导　狼心狗肺　符号　粉松（加点的字读重唇音）

"微"母字念合口［m-］的有：巫袜微薇尾味蚊问亡忘网望（有一部分字读［v-］：武文挽未万勿）。

呼父曰阿爸

《释名》："父，甫也；甫，始也，始生己也。"古无轻唇，读父如补（《周语》：蔡公谋父。旧音，父音甫，音补）。古无麻部，读巴如逋（音补平声）。鱼、模生麻，巴转今音，父音随转如巴，若匍之为爬矣。巴本父之重唇假音字，后人因巴如父，遂通谓父为爸。《广雅》："爸、爹，父也。"则其称久矣（罗翙云《客方言·释亲属》）。

其演变过程可表示为：

父→巴→爸

匍→爬

罗翙云根据"古无轻唇"、"古无麻部"、"鱼、模生麻"等语音规律说明了古音"父"演变为今音"爸"和字形随之改变的过程。分析了音变→借用→字变，促使新字的产生，提示我们语言变化过程中各种因素的互相影响，很清楚。

① 《咬文嚼字》，上海文艺出版（集团）有限公司，2009（11）。

② 《咬文嚼字》，上海文艺出版（集团）有限公司，2010（2）。

3. 粤语也保留了一些重唇音

例如：

番（地名：番禺） 釜（写作“煲”） 埠（写作“埗”） 孵 仆 妇（“新妇”写作“心抱”） 伏 学问，问人（粤，客）

明、微二母字念合口［m-］，微母字“在粤方言里则一律念 m……一直保持着原来的 m，不曾发生变化。闽南方言微母读 b，同明母读 b 相同（万 ban = 慢 ban），这也表现了明母没有分化”①。王力先生描述的明母到唐末宋初以后的分化为：

$$m \nearrow mv \rightarrow v \rightarrow w \rightarrow u$$
$$m \searrow m$$

七、“古无舌上音”和广东各方言中保留的舌头音

（一）“古无舌上音”

钱大昕认为，上古无舌上音、只有舌头音，古舌音类隔之说不可信，提出了以下几点根据：

（1）古书中的异文。例如，《尚书·禹贡》有“大野既猪”，《史记》引作“既都”；《春秋》有人姓名陈完，《史记》作田完；《论语》有申枨，《史记》作申棠。“猪”、“陈”、“枨”为舌上音，“都”、“田”、“棠”为舌头音。异文可证明它们之前可能是同音相混的。

（2）古代读音，即利用古书注解中的注音材料。例如，《周礼》：“（大卜）掌三梦之法……三日咸陟。”注：“陟之言得也，读如王德翟人之德。”（春官·大卜）《说文解字》：“冲读若动。”

（3）声训，即利用古书注解中用音同音近字来解释词义的材

① 王力：《王力文集·第九卷·汉语史稿》，170 页，济南，山东教育出版社，1988。

料。例如，《说文解字》："田，陈也。"

(4) 古代的反切注音，主要指六朝以后的类隔切。例如，《经典释文》："侄，大结反。"《广韵》："贮，丁吕切。"《尔雅》郭璞注："长，丁丈切。逐，他六切。"①

这些材料可证明上古舌头音、舌上音不分，无法证明有此无彼。

现代学者补充了不少方言和对音材料来证明，从多方面论证和丰富了钱大昕的理论。

从舌头音分化出舌上音大概是在6世纪，比唇音分化要早。北朝时杨炫之的《洛阳伽蓝记》还以"宅第"为双声，而隋朝陆法言的《切韵》则反映出已从端组分化出知组声母，但反切的"又音"仍保存一些古读舌头音、舌上音相混的情况。例如：

褚，张吕切，又丁吕切。
传，知恋切，又丁恋切。
长，知丈切，又丁丈切。
噣，陟救切，又丁救切。
缀，陟劣切，又丁劣切。

袁宾举唐代作品中的例子说明当时西北地区有些方言也还有舌头音、舌上音不分的现象。例如：②

①大鹏点翅，度九万里山河。(《变文集》卷五)
②阎罗王被骂……遂乃作色动容，处分左右。(《变文集》卷二)
③净能闻说，作色重容，怒使使人曰……(《变文集》卷二)

例①句中的"点翅"即"展翅"；例③句中的"重容"即"动容"。

谐声偏旁：刀召、奠鄭、者都、占点、汤畅、途除、寿筹、専傳、蜀獨、重動、定绽、兑税、多侈、台笞、屯纯。两字一舌头音

① 《中国语言学大辞典》，102页，南昌，江西教育出版社，1991。
② 袁宾：《近代汉语概论》，72页，上海，上海教育出版社，2000。

一舌上音，也说明它们有可能曾经同音。

最重要的是现代方言和对音的证据。例如，“陈”在福州念［tiŋ］，在厦门念［tin］；在日语中汉字“郑”念［te］，都是舌头音。闽北方言和闽南方言都强烈地反映了端知两系合为一体的原始情况，以活的方言语音证明了是舌头音。

谈到考察语音的方法，尹黎云所举这个例子很有启发，同时也是一个舌齿分化的例证。他从字形出发，联系古音、方音，考证“秀”、“秃”在上古可能是同音同形，音念［t'ou］。延河是古代吐延水的简称，而吐延水在古代典籍中也有写作秀延水的，可见“秀”、“吐”同音。古文“秃”、“秀”同形，“秃和秀古文其实是一个字。从秀得声的‘透’读舌头音，而今北方人秃顶犹称秀顶，均可证明秃和秀古读无别，二字不仅同字，而且同词。秀为不荣而实”。两字字形都从禾从人，禾在人上。①

（二）广东各方言中保留舌头音的情况

1. 潮汕话的舌上音读入舌头音是普遍现象

古“知彻澄”三母字在今潮汕话都是舌头音。

潮汕话中保留舌头音的如：

置致朝罩肘展珍镇张著猪追中，彻耻撤抽畅，澄治侄直值宅召赵陈丈长郑迟池朝潮纲筹缠，柱竹抽茶虫桌

朝朝　郑重　迟迟　珍重　忠直　追逐　姓张　陈旧　长短（加点的字读［t-］）

周振鹤认为，厦门郊区读“猪”、“箸”为“都”，闽方言读“著”为“都”。② 在雷州读“是”为“帝”。“不是”念［bo ti］。这些字在潮汕话中同样是舌头音。常用词的“知”倒不再是舌头音，念［zai］。而与之相对的是客家话恰恰在这个字还保留了古音念［ti］。

---

① 尹黎云：《汉字字源系统研究》，332 页，北京，中国人民大学出版社，1998。

② 《咬文嚼字》，上海文艺出版（集团）有限公司，2010（2）。

2. 客家话中舌头音的情况

客家话中保留舌头音的如：

知道　雕琢　啄木鸟　择菜　中心　鸟薮（加点的字读［t-］）揣［t'-］

罗翙云在《客方言》中也一再提到客家话保留了一部分舌头音，例如："以物蔽雨蔽日曰抵（客音合声为多矮二字）。抵，御也，与蔽义微隔。抵者遮音之变。《释名》：小洲曰渚，渚，遮也，体高能遮水，使从旁回也。《释名》皆以声为训，遮训渚，明遮、渚古同声。《广韵》：遮，正奢切。古正入舌头，读如定（《书·尧典》：以闰月定四时。《史记》作正四时），则切遮如爹，爹转上声为抵，则抵者实遮之古音。今寒微得所扶植曰有人遮盖，亦曰有人抵（合音多矮）攩（音汤去声）。此其语根之可见者。遮盖犹言覆露，《晋语》：是先主覆露子也。"（《释言》下）

3. 粤语中保留舌头音的情况

粤语中保留舌头音的如：

纠正　点解（争—怎—点）　秩序　抵钱（值）（加点的字读［t-］）

就重唇音和舌头音两组声母的存古度来看，可能潮汕话（闽方言）形成的时间要早于客家话和粤语。

八、广东各方言中文白异读字与古代汉语语音的关系

（一）文白异读字与古代汉语语音的关系

王福堂认为，方言中文白异读的形成与异方言影响有关。人们为了交际方便，有时感到需要从民族共同语所在的官话方言或某个地区性的权威方言借入词语的读音，使自己的说话比较接近这个异方言。这样，方言中就有了异方言的读音。汉语方言中文白异读的形成一般都已经有相当长的时间，因此文白读音使用场合变化、文白界限模糊的情况也是常见的。在文白竞争过程结束后，方言中总会出现借入的读书音取代口语音，或相反，读书音退出方言归于消

失的情况。①

文白异读就是口语跟读书时的发音不一样，是一字多音现象。白话音（口语）多半是历史的语音遗留，是古音的残余，较好地保留了方言的系统和发展趋势；读书音多半是接受外来的影响，特别是北方话，其次是其他方言。文读和白读在构成词语中往往是固定的，有的还有区别用法和意义的作用。

（二）广东各方言文白两读字构成词例

下面是各方言的文白两读字构成词的举例，前为口语音，后为读书音。分列声母、韵母、声调，是说明白读保留的古音表现的方面；文读较接近今音，但并不等同于普通话，只是在声母、韵母或声调方面比口语有所变化发展，一般是更接近北方话。

1. 客家话中的文白异读字

客家话文白两读字大概有 300 个，其中涉及声韵超过 200 个，涉及声调 100 个左右。②

声　　母

择菜，选择［t'-］，［q-］　沸水，沸腾［b-］，［f-］
分家，分析［b-］，［f-］　浮起来，浮肿［b'-］，［f-］
发梦，发风；发财［b-］；［f-］　博望，希望［m-］，［v-］
扶等，扶持［b'-］，［f-］　鸟儿飞走了，飞机［b-］，［f-］
中心，射中［d-］，［ts-］　值钱，价值［d-］，［ts'-］
还钱，还有［v-］，［f-］　符号，符合［b'-］，［f-］
苦瓜，吃苦［f-］，［k'-］　唔肯，肯定［h-］，［k'-］
复（覆）转来，反复［b'-］，［f-］　浑水，浑噩［v-］，［f-］

① 王福堂：《文白异读和层次区分》，载《语言研究》，2009（1）。

② 刘镇发：《香港客粤方言比较研究》，135 页，广州，暨南大学出版社，2001。

韵 母

浓茶，浓烟［-iaŋ］，［-ioŋ］ 出生，书生［-aŋ］，［-en］
成事，成功［-iaŋ］，［-ŋn］ 萦线，萦绕［- iaŋ］，［-in］
好平，水平［-iaŋ］，［-in］ 争东西，争取［- aŋ］，［- en］
鸡啼，啼叫［-ai］，［-i］ 屋迹，痕迹；事迹［-ak］；［-ik］
长命，命令［-iaŋ］，［-in］ 好惜，可惜［-iak］，［-ik］

声 调

上课，上海（平声，去声）乱动，运动（平声，去声）
淡水鱼，冷淡（平声，去声）好重，重量（平声，去声）

声 韵

会读书，开会［voi］，［fi］

韵 调

老弟，兄弟［tʻāi］，［tʻì］ 唔在，自在［-ɛi］，［-ài］

“声母”中所举的例子，相当部分是白读保留了上古的重唇音和舌头音的，可用来证明“古无轻唇音”、“古无舌上音”。“韵母”的部分，可发现白读音普遍主要元音开口度都较文读大，这也是古今音发展变化的一个特点。“声调”中所举的白读是平声，文读是去声，说明的正是客家话的一个特别的变调规律，就是古浊声母的上声字，有相当部分变成了阴平；而在普通话和一些方言中都变成了去声。①

2. 潮汕话中的文白异读字

据统计，闽语日常用字中有 1 500 多个起码有两个读音。② 潮

---

① 胡希张、莫日芬、董励、张维耿：《客家风华》，第五章，广州，广东人民出版社，1997。

② 刘镇发：《香港客粤方言比较研究》，135 页，广州，暨南大学出版社，2001。

汕话也一样，文白异读较为普遍，在声韵调各方面都有繁复的对应，文读音和白读音在语词中大多不能任意变读。下面仅举一些声母类的例子。

文读与白读对应如下：

丈夫［b-］	分开［b-］	房间［b-］	放假［b-］
夫妇［h-］	分发［h-］	防风［h-］	解放［h-］
肥肉［b-］	父亲［b-］	飞鸟［b-］	新妇［b-］
肥胖［h-］	师父［h-］	阿飞［h-］	妇女［h-］

长命［t-］	特征［t-］	骑马［b-］	瞒着［b-］
长征［ts-］	长征［ts-］	马上［m-］	瞒谁［m-］

丈人，姑丈［t-］　道高一尺魔高一丈［ts-］

清嘉庆二十三年（1818），漳州东苑谢秀岚编的《汇集雅俗通十五音》，是一部脍炙人口的通俗方言韵书，记的是漳州音，或者说漳浦音，当时风行闽南地区。书分八卷，共50韵，保留两套完整的语音系统，即文读音系统和白读音系统，有相当整齐的对应规律。例如：①

	文读音	白读音
肥	喜规	边规（“喜规”、“边规”为反切上、下字。下类同）
富	喜踞	边踞
浮	喜踞	颇踞
萍	b' 经	b' 茄
痛	t'oŋ	t'ia
子	tsu	kia
囝	kian	kia

文白异读有时往往反映了语音演变的过程。林伦伦指出：“与

① 马重奇：《〈汇集雅俗通十五音〉文白异读系统研究（一）》，载《方言》，2004（2）。

闽南方言的其他次方言一样，潮汕话中存在着丰富的文白异读。我们知道，文读一般代表读书音，受共同语影响较大，因而其时代层次往往较晚；而白读音通常是口语音，它在人们口中世代相传，少受客观影响，具有一定的保守性和稳定性，因而它代表的时代层次往往较早。”①

林伦伦认为，潮汕话文读音［h-］由［b-］、［b'-］发展而来，但并非潮汕话语音的内部发展使然，而是潮汕话受汉民族共同语的［f-］声母影响之后才产生的。潮汕话没有［f-］声母，而用［h-］来代替［f-］而共同语靠拢，［h-］因此成为跟白读音［b-］、［b'-］相对立的文读音。潮汕话虽然保留了入声，但由于音系中没有前鼻韵尾［-n］，因而也没有相对立的［-t］。在各摄中，［-p］、［-k］的韵尾也已逐步弱化而变为［-ʔ］。例如，咸摄 85 个例字，有 18 个［-p］已变成［-ʔ］，如“踏搭腊鸭接碟”等。山摄 120 个例字中约有 30 个读［-ʔ］尾。但通摄 80 个例字却无一读［-ʔ］尾。从此看来，这些入声韵字之所以失去［-p］、［-k］韵尾，是因为与其相对的阳声韵也失去［-m］、［-ŋ］韵尾。由此也可证明阳声韵与入声韵的密切关系。

在每一种方言中都有文白异读的分歧，但复杂程度没有一种可以赶得上闽南方言。还有白读音里跟文读阳声韵对应的丰富的鼻化韵，跟文读入声韵对应的［-ʔ］尾韵，等等，都很引人注目。潮汕话作为闽南方言的次方言，其丰富复杂的文白异读系统，同样是值得关注和认真研究的，通过研究整理它的文白异读系统，可以从中探求潮汕话语音发展的轨迹，为上古汉语音系的重建提供活的有说服力的证据。关于闽南方言的文白异读情况可参阅袁家骅的《汉语方言概要》。

3. 粤方言的文白异读字

粤语文白两读字大概有 300 个，其中涉及声韵 100 个左右，涉

---

① 林伦伦：《从文白异读看潮汕话的历史音变》，载《韩山师院学报》，1991（2）。

及声调超过200个。[①]

韵　母

好惜，惜别［-iak］，［-it］　洗村，洗面［-yn］，［-ɛ］
衫领，领导［-ɛŋ］，［-eŋ］　味好正，正确［-ɛŋ］，［-eŋ］
好灵，灵感［- iaŋ］，［-in］　好精，精神［- iaŋ］，［-in］
好命，命运［-iaŋ］，［-eŋ］　好平，平行［- iaŋ］，［-iŋ］
醒目，清醒［-ɛŋ］，［-eŋ］

声　母

番禺；番茄，三番五次［b'-］；［f-］
心抱（新妇），妇女［b'-］，［f-］
浮头，浮沉［b'-］，［f-］
埠头，出埠（出国）［b-］，［f-］
伏低，埋伏［b-］，［f-］

声　调

远近/附近　拗断/判断　坐车/坐井观天　轻重/重点　味道淡/冷淡　有伴/伴侣（这些都是古浊声母上声字，白读是送气的上声，文读和北方话一致，是不送气的去声）

粤方言的文白异读现象跟客家方言比起来少一些，大概跟它一直是岭南地区较强势的方言地位有一定的关系。至于具体的原因，还有待于进一步的探究。

（三）一字两读与语言环境

一字两读的现象有一定的语言环境，往往表现在组成词语的选择，自然而然地界线分明：在日常用语中，自然选择白读音；在书面语或读书用语中，也自然就是选择文读音。所以，上举例子都是

---

① 刘镇发：《香港客粤方言比较研究》，135页，广州，暨南大学出版社，2001。

以词语的形式出现的，由此也可从中看出口语和书面语的风格不同。

语音的发展变化是多方面的，从古到今，无论声、韵、调都有很大变化，在方言中去寻找，都可以发现变化的痕迹。例如，《登幽州台歌》和《敕勒歌》两首诗，押韵字分别为“者”、“下”，“下”、“野”，在客家话、潮汕话中都是押韵的，在普通话里却不再押韵，这种情况提示了古今韵部的变化。

登幽州台歌

陈子昂

前不见古人，后不见来者。
念天地之悠悠，独怆然而涕下。

敕 勒 歌

北朝民歌

敕勒川，阴山下。
天似穹庐，笼盖四野。
天苍苍，野茫茫，
风吹草低见牛羊。

第三章　文　　字

一、跟方言用字有关的古代典籍

（一）通用字典辞书

《说文解字》、《康熙字典》、《广韵》、《集韵》、《辞源》、《方言》等，都是通用参考书，它们从字形、字音、字义等不同方面，提供了古人通语方言的书面根据、发展脉络，从中可以看到古代语言丰富多样的面貌。

东晋郭璞的《方言注》，注音兼及本义，注文大量援引晋代地方俗语；同扬雄的《方言》中的汉代方言作比较，证明古今语义的同异，揭示了汉、晋语音和词汇历史演变的种种轨迹。

清朝杭世骏的《续方言》两卷，收集唐宋以前经史传注以及字书里的古代方言词语共522条，增补《方言》，是清代第一部博采典籍以增广《方言》的专著。

清朝戴震的《续方言》两卷，辑录《说文》、《释名》、何休的《公羊注》、杨倞的《荀子注》四书中的方俗词语，增补《方言》。

清朝钱绎的《方言笺疏》十三卷，将晋、唐人和清人书注加以比较对照，有疑义的则细加辨析，注释词义征引广泛，涉及经史子集和群书故训，并注重运用以声音通训诂的研究方法。

清朝徐乃昌的《续方言又补》，辑录隋唐以前方俗语词343条。

清朝李调元的《方言藻》，摘录唐宋诗词中的方俗语词108条，下启张相的《诗词曲语辞汇释》，徐嘉瑞的《金元戏曲方言考》。

历史上这些以研究《方言》和增补《方言》为目的的专著有很多，这些材料里面大量的方言俗语，或多或少地反映了不同历史时期汉语方言的面貌，也由此传达出各具特色的地方风俗文化。

（二）与考证广东各方言用字有关的著述

1. 有关潮汕方言用字的著述

清朝陈衍的《福建方言志》一卷，取黄宗彝的《榕城方言古音考》、刘家谋的《操风琐录》、谢章铤的《说文闽音通》等书合成，依类排列分十三类：言天、言地、言宫室、言人、言身体、言器服、言饮食、言动作、言名词、言助词、言情状、言动物、言植物。其引书多已失传。现存谢章铤的《说文闽音通》两卷及其附录一卷，以闽语释雅言，根据《说文》寻求本字，有清光绪三十年（1904）陈宝璐刊本。《福建方言志》可作研究福建方言包括潮汕话的参考资料，有民国十一年（1922）新福建通志本。①

李新魁、林伦伦的《潮汕方言词本字研究》（汕头大学学报，1990 年第 3 期）举 30 多例从音、义的角度分析探求潮汕话的本字，同时兼及考本字的方法问题，这些方法具有共通性。如文中谈到由于音义变化的差异，书面使用的方言词往往用同音字、方言字和训读字来代替；本字的类型既有生僻字，也有常用字。常用字之所以近在眼前而不用，也是因为音义变化导致与口语脱节。该文还从理论上探讨考证本字的方法，认为考证方言词本字要注重音证和义证的合理分析，还要有充足的书证，以理服人。

李新魁、林伦伦认为，考释词源及本字，最好有亲属方言或兄弟次方言的旁证材料来作佐证。这一点是很有道理的，可以加强说服力。如他们所举一例：

［tsĩã^{1}］，瘦肉，潮汕话叫“［tsĩã］肉”。黄鹏的《潮汕方言熟语的结构形式和修辞手法》写作“精”（选精择白）。“精”也非本字，同音字而已。《集韵》平声清韵：“腈，肉之粹者。”精、腈同音而不同义。

《客话本字·客话单字》亦有：“腈音精，肉之粹也。今瘦肉曰腈肉，呼若将，即此字。又腥字，注云‘肉之精也’，音呈，义同而音别。”客家话今天也仍称瘦肉为［tsiaŋ^{1}］肉，可用来佐证

① 《中国语言学大辞典》，886 页，南昌，江西教育出版社，1991。

潮汕话的这个词。不过潮汕话白读为鼻化韵罢了。

2. 有关客家方言用字的著述

杨恭桓的《客话本字》，收客家方言词语 1 400 多条，分单音词、双音词、多音词，每条先列所谓本字，后引用古籍以作考证，旨在说明客话字汇皆有所本。1932 年刊印的罗翙云的《客方言》，在求本字方面也作出不少成绩。

一欢

唐乐府诗："蒲帆浑未织，争得一欢成。"今被、褥、帘、席诸物皆言"一欢"，有由来也。(《客话本字·客话双字》)

按：陆龟蒙《山阳燕中郊乐录》用作数量词指称一种用蒲草编织的帆。一欢也是客家话的数量词，今天仍说"一欢被"、"一欢席"等床上用品。

章炳麟的《新方言》十一卷，收集方言异语 800 多条。书后附《岭外三州语》一卷，考释惠州、嘉应州、潮州客家话中一部分词语的来源（选取 63 条客家话语词，用《说文》、《尔雅》、《方言》、《礼记》、《毛诗》、《战国策》、《老子》、《广雅》、《列子》、《易经》、《史记》、《汉书》等古籍加以印证，说明客家话是"雅训旧音往往而在"的语言），对汉语的语源研究有较大的影响。根据语言发展变化规律，以古语证今语，以今语证古语；疑于义者，以声求之，疑于声者，以义正之。

薮

音叟。鸟兽所栖止曰薮，因而凡鸟薮、鸡薮、狗薮、蜂薮皆谓之薮，呼若斗。(《客话本字·客话单字》)

《毛诗》国风传曰："薮，泽也，禽之府也。"《韩诗》说禽兽居之曰薮。《考工记》注："郑司农曰：'薮读为蜂薮之薮。'"三州谓鸟巢曰薮。鸡伏卵曰伏薮。虫窠亦曰薮。(《岭外三州语》)

"薮"经杨恭桓和章炳麟解释后，其古音古义和客家话的继承看得很清楚。《广韵》："薮，泽，苏后切。"音义同上古相比皆发生了变化。"薮"的音义分离之后，可能就选择了舌头音的"窦"

来顶替了。

温美姬的《梅县方言古语词研究》（华南理工大学出版社，2009），在考证客家话本字方面也做了大量的工作。

3. 有关粤方言用字的著述

詹宪慈[①]的《广州语本字》，完稿于20世纪20年代，但由于种种原因，直到1995年才由香港中文大学出版社出版。全书共分42卷，1 405个词条。他在1924年写的“自序”中说：“广州之人广州话，莫以为难之。而写之于纸，则迟疑不能遽下笔矣。盖广州语往往口所道，而笔不能写？其本字未易一一知也。宪慈端居多暇，渊渊以思。思吾人其达意而有所语，一语必有一义，因义求字，庶几本字可得。”作者有感于记录广州话很多时候难以下笔，便从字音、字义着手去求本字。充分利用《尔雅》、《方言》、《释名》、《广雅》等古代字书，寻找依据，注意讲求实证，言之成理。

詹宪慈在为杨铁夫的《铁城土语语原考》一书作序时指出，广州话词语有很多不知本字，主要原因有三种：一是“多以音变而失其本字”，如“饮胜”应为“饮罄”；二是“古已声误而今犹沿用之”，如“冇”应作“无”；三是“因叶音而忘其本字”，如量词“旧”应作“具”。单就这几个词语例证，就可看出作者注意音义间的联系，确有独到的见解。

孔仲南的《广东俗语考》七卷，由南方扶轮社出版（1933）。他在“自序”中说：“然粤语之名物虽正，而亦多有求其声而无其字者。何哉？则以语音与读音分而为二之故，于是轻重清浊之间而音变矣。无呼作母，合呼作憾，返呼作翻，勿呼作米，寻声者无从下笔。于是乎生安白造之俗字出焉。此外省人所以谓广东多白字者也。”“即以屈翁山之博学，其所著《广东新语》，于‘土言’一则，亦讹误甚多。书中生造之字，亦复不少。又如来有离音，卵有春音，而不之引正。鸡伏卵谓之晡斗，不知有菢蔟字。似此纰缪，

① 詹宪慈，番禺人，光绪末（1903）举人，曾赴日本留学，在广东多所学校担任教席。

不一而足。”于是“谨将平日考得粤语之字，分类而著之篇，名曰《广东俗语考》”。表明了自己著述的本意，就是替粤人口中所谓白字俗字寻求正字，以解决有声无字的问题。

当然，其考证还存在一些问题，如句中“鸡伏卵谓之晡斗，不知有菢蔟字”。联系前面杨恭桓和章炳麟的解释，和“古无轻唇音”的保留，“晡斗”的本字是显而易见的，即是“伏薮”。

白婉如的《广州话本字考》[1] 注重从古代典籍辞书寻求音义证据，考证粤语本字几十个。

犽䂒崽 [ŋaŋa tsai]

崽，通常写作“仔”。婴儿：抱住个犽䂒崽。《集韵》麻韵，犽，牛加切，“吴人谓赤子曰䂒犽”；䂒，於加切，“䂒犽，赤子”。扬雄《方言》卷十：“湘沅之会，凡言是子者谓之崽。”郭璞注崽“声如宰”。《集韵》海韵子亥切。按广州话“㬹虾仔”也是婴儿。“虾”的本字就是“䂒”，读音略有变化，影母读如晓母，后来就定作“虾”。“崽”字读法与古音略异。

《客话本字·客话双字》有“䂒犽音鸦牙。南人呼赤子为䂒犽，今人儿啼亦口作䂒犽声以慰之。呼若阿牙、阿鸦，乃一声之转。”

按：此“䂒犽”与白婉如所举例音相近，可互为佐证。有的粤语地方性媒介把“㬹虾仔”写作“苏虾仔”，也是令人不得要领。

粤语的方言用字特别多，这跟广州、香港的粤语文学作品发达有关，也跟粤语的强势有关。强调记音，有同音字拿来用就是了；实在没有，就生造出来。粤语研究，也是有关粤音的书比较多，记音，与普通话的比较，方便学习粤语方言，为外省人、外国人学习语音打下较好的基础。一些所谓方言用字的本字研究，还是大有文章可做的。

---

① 白婉如：《广州话本字考》，载《方言》，1980（3）。

下面两段文字夹杂了不少的方言用字，从共同语书面语的角度来说，它滥用同音字，破坏了汉语汉字遣词造句的统一，让粤语以外的人读起来摸不着头脑。但从方言本身来说，很生动，增加了语言的表现力和色彩，还有谐音双关，让人看了忍俊不禁。

①一个公交车司机骂乘车老人：你个死老坑，你有个老人优惠卡好架势，我要你落车，再从前门上来。

②仲记得果日好炎热，你拎住把纸扇系度扇凉，一个唔觉意整烂左少少，你稔出卷透明胶，我问你系度做咩？你话：你见唔到我痴紧扇咩？

像这样使用的方言同音字在各个方言都普遍存在，实际上就是现代方言中的同音假借字。由于它具有方音的局限性，如果不能很好地使字词之间的联系重新建立起来，就会成为本方言以外的人群阅读时的障碍。

二、本字问题

本字，这里指方言词的专用字。例如，粤方言、客方言称用手按住为［kem］、［k'em］，本字是“撳”，《集韵》去声沁韵：“撳，按也。丘禁切。”方言本字往往需要考证才能获知。《客话本字·客话单字》有：“撳，钦去声，按也。今人与人相打被人撳落地，即此字。又擒、捦、扲字，去声一义并同。”

本字还有另外两个意义：与借字相对，表示本义的字，指古音通假中被通借的字。如“叛”是“畔”的本字；专用字，为某一词义专造的字，如“影”是“景”的引申义的专用字。

本字问题是因为汉语方言词语中音义变化或字形改变致使词语和字形失去联系而产生的，考证本字就是要恢复词语和字形的联系，找回本字。在语言中，词是语音和意义的结合体，并有特定的字形。但语言在经历长期的演变，特别是在分化为不同方言的过程中，词的音和义都可能发生改变，字形也可能改变，从而使词和字形失去联系。于是有的词不知道该用什么字来书写；或者即使有一个字形，也不知是否正确；或是如前所说，干脆找个方言同音字代替。如在网上看到大概是潮汕人写的这么一句话："指代男性的'担埠'二字，本字其实正是'丈夫'!""担埠"就是他用来表示"丈夫"这个词的今天潮汕话音的同音字，写出来真让人看不懂，两个词形之间的差别太大了。如果方言使用太多这类随意创造的同音字，必会妨碍作为各方言间书面交际语言的健康发展。

这就是方言中存在的本字问题，它是方言经历长期发展变化之后出现的。考察本字，很多时候也就是理清方言和古代汉语的关系问题。

考求方言本字意义重大。李如龙认为，考订方言词的本字，"可以看清方言词和古代汉语的关系"，"可以从中了解诸方言之间的词汇和语音上的同和异，看到不同方言在演变过程中的不同历史地位"，"还可以看到古今字义的引申和转移，体察词义转移的种种规律"。为方言词考求本字本义，至今仍是中国传统语言学研究的主要内容之一。

了解方言形成的背景和时期，可以确定本字溯源考证的大致范围。但是，由于方言的形成不是一时一地的事情，文献材料浩如烟海，有时需要转几个弯，从多个角度、多方面进行查找，同时根据具体情况具体分析，扎扎实实地做比较繁琐细致的工作，才能达到目的。

三、本字溯源考证的方法

对于方言本字考证的方法，人们提出了不少见解，如王福堂、李如龙、李新魁、林伦伦诸先生。王福堂在《方言本字考证说略》中提到一些原则和方法，主要包括：根据语音的古今对应关系；借助方言之间的比较研究；区别方言语音系统中的文白异读和时间层次；等等。

确定本字，可以从语音、词义、文献材料、方言之间的旁证等多方面去加以考察和证明。往往通过比较的方法，跟古代语言的比较，跟不同方言的比较，以寻求本字的真实情况。

（一）从语音去考证本字

1．根据音变规律考证本字

语言的历史音变和方言的语音变化不是同步的，所以从语音角度去考证本字时，就要注意不能简单化，而是要通过音变规律辗转求证，去寻求本字之所在。

细佬

广州话小孩叫“细路”，“路”不是本字。从音义两方面看，“路”可能是“佬”的音变。“老”，《广韵》：“卢皓切。”音变为“路”，是次浊上声字变读成了阳去调。汉语方言浊上声字的分派，大致是次浊归上声，全浊归去声。但分派中也有可能有个别次浊上声字进入全浊上声字的行列变为去声，并保存在个别词语中。“路”是“佬”的音变就是一个例子，本字应该是“佬”。[①]

以物与人曰奔

《广雅·释诂》：“分，予也。”《左传》：“分贫振穷。”注：予也。与、予古同声通用。今谓与曰分，声如奔，古无轻唇，分本读若奔也。分、贲声近。《礼·射义》：“贲军之将。”《诗·行苇》传引作“奔军之将”矣。《周礼·司几筵》：“设管筵纷纯。”郑司农云：“纷读为豳。”故今俗语谓分亦曰豳，是皆古音存在之征也。（《客方言·释言下》）

按：表示以物与人，客家话音同“奔”，罗翙云详细分析了它的来历和原本词形，解释是音变引起借用同音字，实际上“分”在客家话里保留了重唇音，所以本字是“分”。

“当时百丈造典座，却自个分饭与他供养。”（《祖堂集》卷第十四“江西马祖”）句子中的“分”，正是予、给的意思，跟客家话的意思相同。

虹曰天弓

《白虎通》：“天弓，虹也，又谓之帝弓。”《众经音义·大菩萨

---

① 王福堂：《方言本字考证说略》，载《方言》，2003（4）。

藏经》卷一亦出“天弓”二字，注：帝弓，即天虹。虹从工得声，古本读如工，故《释名》云：“虹，弓也。”通语读弓，皆为姑翁切，与虹同音。客语读弓，其合声为居雍。《广韵》以居戎切弓，则客音实古音矣（《客方言·释天》）。

早曰打早

朝、旦、晨，早也。今谓早曰早晨，亦曰打早。打早即旦早之音转。打、旦双声（《客方言·释天》）。

忘曰添忘

添者，眣声之转。《说文》：“眣，忘也。”《广韵》：“眣，忘。”念徒结切，音跌。跌转平为天，天与添同声（《客方言·释言上》）。

按：罗翙云用声转之说解释了词的来源。

［zik^8 tau^3］**谓中午**

翁辉东《潮汕方言》卷十二写作“日斗”。“斗”虽音［tau^3］（如斗床斗椅），但非［tau^3］的本字，本字当是“昼”。《左传·昭公元年》：“君子有四时：朝以听政，昼以访问，夕以修令，夜以安身。”《国语·鲁语》下：“士朝而受业，昼而讲贯，夕而习复，夜而计过。”朝、昼、夕、夜犹今言早、午、晚、夜。“昼”指中午无疑，这还可以从其他方言得到佐证。吴语熟语小说《何典》第三回：“直至半上日昼，仍旧……”“半上日昼”指快到中午时分，茹敦和的《越言释》：“越人以午为昼。”罗常培的《临川音系》引黄宗羲的《古歙乡音集证》：“俗读当午为当昼。”“当昼”之说，今潮汕话犹存。又粤方言谓上、下午为上昼、下昼，也可证昼为中午之说。“昼”今潮音文读为［tiu^6］，音［tau^3］乃是白读。①

按：“昼”的读音在潮汕话里保留了舌头音。潮汕澄海的谚语

---

① 李新魁、林伦伦：《潮汕方言词本字研究》，载《汕头大学学报》，1990（3）。

有“初九二十三，早涨晏涨日昼干”，指农历初九或二十三，潮水早晚涨、中午退的现象；又“雨歇昼，落到哭”谓中午雨暂停，就会继续下个不停。“昼”都是中午。客家话把一日三餐说成食朝、食昼、食夜，以时间词代称饭，昼也是中午。这可以作为旁证。

2. 在文白读音中考证本字

潮汕话的文白异读现象很多，日常生活中说话保留了较多古音的特点，就是白读；在演讲和读书时就模仿共同语的声韵，把共同语语音变音为相近的潮汕语音来念，就是文读。文白差异造成人们往往能把文读跟本字联系起来，而白读音却失去了跟本字的联系。其他方言也有这样的情况。如李新魁、林伦伦所举的“芳”、“情”二字，很有代表性。

芳

潮音文读为［huaŋ¹］，如“芳香”、“流芳千古”等。口语词中有［p'aŋ¹］，很多人谓［p'aŋ¹］无字可写。其实，［p'aŋ¹］的本字是芳。《说文解字·艸部》：“芳，香草也。”段玉裁注：“香草当作草香。”《玉篇·艸部》：“芳，芬芳。”“芳”原指草香，屈原《离骚》：“兰芷变而不芳兮……”引申而指他物之香气。又潮汕话无轻唇音，故中古敷母字潮音读［p'］，［p］、［p'］同［h］是潮汕话文白异读的一种对应关系。

按：潮汕话说“茉莉花个味芳死”，不说“香”。

情

潮音文读为［ts'eŋ⁵］，如“深情”、“感情”等。但口语中有“亲［tsɾã⁵］”一词，［tsɾã⁵］的本字应是情。“情”字属《广韵》平声从母清韵，浊声母平声潮汕话多有念不送气的，清母字又多读［ia］韵母，如“精”、“晶”、“赢”、“营”、“成”、“城”、“呈”、“程”、“声”、“正”等。故“情”白读音为［tsɾã⁵］。又“亲情”一词古书多见。唐·蒋防《霍小玉传》：“生自此心怀疑恶，猜忌万端。夫妻之间，无聊生矣。或有亲情，曲相劝喻。生意稍解。”吴组缃等注：“亲情，亲戚。”唐·薛调《无双传》：“又旬日，仙客遣老妪，以求亲之事闻于舅母。舅母曰：‘是我所愿也。即当议其事。’又数夕，有青衣告仙客曰：‘娘子适以亲情事言于阿郎……’”亲情事，谓婚姻之事。《古今小说·汪信之一死救全家》：“细姨道：‘……这几疋绢，老娘自家也不舍得做衣服穿，他有甚亲情往来，却要送他？’”今漳州乃至临川都称亲戚为“亲情”。

按：潮汕地区澄海话里的俗语“亲情朋友”、“四亲六情”，前一个表亲戚朋友，后一个泛指所有亲戚；把结儿女亲家说成“做亲情”，实在是言出有因的。

以上所举的“芳”字为因声类演变造成的文白异读，“情”字为因韵部演变造成的文白异读。潮汕话的文白异读之间有一种相对应的联系，弄清整体变化的联系，对于本字的认识就比较清楚了。

3. 通过方言间的语音比较寻找本字

这是因为各方言是由同一汉语分化出来的，分化后各方言所保留的原有语言现象情况不一，有的在某一方言已消失，而在另一方言仍存在；有的音变义不变；等等，就提供了比较和考证本字的线索，可以辗转求证。如王福堂先生所举的“赚”字。

赚

福州话错误叫［taŋ］，本字不明，一般写作“郑”。厦门话错误叫［tã］，有人认为本字是“诞”，但《广韵》：“诞，徒旱切。”定母旱韵上声，厦门话是合口韵，韵不合。相近的温州话表错误义是［dza］，音似乎跟厦门、福州话无关，但意义相当。考察温州话里［dza］的同音字有寨$_{\text{崇夬去}}$、暂$_{\text{从阚去}}$、赚$_{\text{澄陷去}}$。厦门话［tã］有同音字“淡”。福州话［taŋ］有几个同音字：淡$_{\text{定阚去}}$、弹$_{\text{定翰去}}$、郑$_{\text{澄哺去}}$。这样厦门话和福州话共同的同音字就是咸韵字的“淡”，但与错误义无关。考察后知跟“赚”的音韵地位有关，因为厦门话、福州话咸摄一二等字韵母相同，“淡”和“赚”同韵。这样，三个方言可能有一个共同的同音字：赚$_{\text{澄陷去}}$。

赚，《广韵》“重卖”，伫陷切，澄母陷韵去声，咸摄二等。从意义上看，没有错误义。《玉篇》："徒陷切，错也，重卖也。"《说文》徐铉新附定"重卖也，错也，伫陷切。"都有错误义，与厦门、福州、温州义相同。文献中也有用例，徐铉的《稽神录·拾遗》"讶！赚矣！此辟谷药也！"从语音上看，"赚"是咸摄二等字，韵母与三种方言同；反切上字澄母的"伫"符合温州的声母［dz］，定、澄母的"徒"和"伫"则一并符合保持"古无舌上音"特点的闽方言厦门和福州声母［t］。结合音义，厦门［tã］福州［taŋ］的本字就是错误义的"赚"。

吴方言除温州外，金华［dzɑ］，义乌［dzo］，宁波［dzɛ］，绍兴［dzæ］，都有表示错误义的"赚"，都是同义词。共同的特殊词语反映了吴、闽两方言历史上存在的密切关系。

（二）根据词义变化考察本字

词的意义随着社会的发展变化而变化，这是大部分词义发展的规律，一成不变是罕有的。方言中的词义变化也一样，有时表现得很复杂：局部发生的，地方风俗的，甚至是某个事件的，有时影响到形义之间的联系。这时分析词义变化去考察本字就是必然的。

箬

闽南话树叶叫"箬"，例如，"树箬"、"茶箬"、"菜箬"、"粽箬"。"箬"原指一种枝细叶大的竹子，其叶可以用来填充斗笠或包裹粽子。查《说文》："楚谓竹皮曰箬。"《玉篇》："竹大叶。"柳宗元有《柳州峒蛮》："青箬裹盐归峒客。"闽南话"箬"的词义由专指这种竹的叶子，扩大到泛指大小不等、种类不同的各种叶子。

鼻

《说文》："引气自畀也。"由名词指称鼻子，进入方言后，在客家话和潮汕话里意义发生了变化，鼻子→鼻涕→闻、嗅；词性也变为既是名词，也是动词；声调保留了去声。

以鼻就臭曰鼻

《檀弓》："王事也，子手弓而可。"《公羊·庄十三年传》：

"曹子手剑而从之。"此以手执物即曰手也。扬子《法言》："子胥抉目东门，曰眼之。"此以眼视物即曰眼也。又如，以指示物即曰指，以耳闻名即曰耳，皆实字虚用也。以鼻臭物即曰鼻，盖同此例。《西京赋》："鼻赤象。"此鼻字亦虚用，然其义别。(《客方言·释言下》)

按：罗翙云指出了"鼻"在客家话中的动词用法，但以实字虚用来解释这种现象，认为等同于"手"、"眼"在句子中的用法，今天解释为活用。实际上"鼻"跟他所举的"指"一样，词义扩大带来词性变化；跟"手"、"眼"的临时用法是不一样的。正如侯精一在《现代汉语方言概论》中所说："'鼻'在闽语读音合《广韵》，字义扩大兼指鼻涕并用作动词表示'闻、嗅'，有些客家话同此，这是方言词义扩大的典型词目。"

生花

西安话把毛笔叫"生活"，令人费解。而西安附近有的方言写作"生花"。这个词与唐代的一个传说有关。五代后周王仁裕的《开元天宝遗事》言："李太白少时，梦所用之笔头上生花，后天才瞻逸，名闻天下。"可见"生活"应该就是"生花"。"生花"在传说中用来比喻诗才神奇地提高，但转而用作毛笔的代称，就逐渐和传说失去了联系。人们因此慢慢忘了它的本字，理解为复合名词，有的方言后一字变读为轻声。西安话就根据目前的读音写成了与原意毫不相干的"生活"，因而失去了它的词形跟理据的联系。追溯它的来源，跟当时当地的文化现象有关，这样的事件影响足够大，其后又有变化，理清其中的变化线索，问题就得到了解决。①

（三）通过文献材料的证明考察本字

缅［men³］

广东三种方言关于"思考"、"想念"、"惦记"等义各用不同的字来表示，潮汕话是"想"；粤方言是"谂"，也有人说是

① 王福堂：《方言本字考证说略》，载《方言》，2003（4）。

“恁”；客家话是［men］，《说文》有“愐，勉也”，《广韵》有“愐，思也”。是同音字，但客家的一些文献资料特别是山歌集子却写成“缅”字。

广州话的“谂”在清代钱绎的《方言笺疏》中也将来历说得很清楚，“念者，《说文》：‘念，常思也。’……《释言》：‘谂，念也。’《小雅·四牡》篇：‘将母来谂。’《毛传》用《释言》文。鲁语曰：‘使吾无忘谂。’‘谂’与‘念’亦声相近”。“恁”在古代文献也常出现，如“若然受之，亦宜勤恁旅力，以充阙道”（班固《典引》）；“徂年幸未暮，此意可勤恁”（王安石《酬王伯虎》）。而客家话的“缅”，字形跟“心”毫无关系，却是客家人表示“想”义的常用字。通过文献的考察，可以把字义的来源发展看得很清楚。

《说文》的解释是：“缅，微丝也。从糸，面声。”用本义的例子有：元戴侗的《六书故》：“今之络者，别其丝最细者为缅，次曰大缅；凡缅，以为纬。”但少见。倒是其引申义较常见，例如：“细”，如“女问之，公缅述颠末”（《聊斋志异·黄九郎》）；“远”，如“朝游洞庭上，缅望京华绝”（张说《岳州作》）。值得注意的是，“缅”字常跟一些有关思维意义的词语搭配使用（仍是“细”或“远”义），如“缅慕德义”、“缅惟徽尘”、“缅怀敬止”、“缅忆畴曩”、“缅思不独人生忌”、“缅想无策”。“缅”字受到连用的这些词语有关思维意义的影响，久而久之，也就有了“思”、“想”义。例如：

①反为后辈亵，予实苦怀缅。（杜甫《故秘书少监武功苏公源明》）
②窥寻未见泉来路，缅想应穿石裂痕。（方干《僧院小泉井》）
③峤见礼仪周密，答问恭敬，有缅想之怀。（《国色天香》卷九）

当“缅”字单独充当谓语时，受连用影响获得的“思”、“想”义也频繁使用，成为它的经常义。例如：

①受氏自有殷，树功缅前秦。（权德舆《伏蒙十六叔寄示喜庆感怀三十韵因献之》）

②缅彼十八人，古今同此适。（白居易《春游二林寺》）
③辽落缅岁时，辛勤历江岛。（萧颖士《仰答韦司业垂访五首》）
④弄珠环于掌中兮，缅此生之何幸。（《国色天香》）
⑤缅自支硎邂逅，匆匆数语，遂成契阔。（《吴江雪》第九回）

杨恭桓的《客话本字》有“愐：同缅，思也”。客话口语中也常说“偓缅出一只好办法”、“偓缅好哩，今日就去做”、“难为你总系缅等这件事”。句子中的“缅”，就是普通话的“想”。平时问对方想不想念自己，就说：“你缅唔缅偓呀?”

通过古代文献资料的查证，“缅”义变化的轨迹很清楚。

（四）根据不同方言的旁证材料证明本字

薸

据《尔雅·释草第十三》“萍”字下郭璞注：“水中浮萍，江东谓之薸，音瓢。”是说薸早在东晋时就已见于江东地区。“薸”和“瓢”，《广韵》都是符霄切。不过在汉语书面语的词汇中，“薸”已经为“萍”所代替。据温美姬所言：“《韩诗》曰：‘沉者曰萍，浮者曰薸。’”可见薸字上古已有。“薸”目前虽然仍普遍存在于客家话、潮汕话乃至吴语、徽语、赣语、闽语等的方言口语中，但在官话和其他方言影响下，书面上已经改写为“萍”，“薸”的字形已经为人们所淡忘。音“薸”而字“萍”，由此可见本字应该是“薸”，是闽南、客家地区的口语中继承的古方言词。再从古音来看，“浮”、“萍”、“薸”都是重唇音；现“薸”潮音［p'io^{2}］，客音［p'iau^{2}］，三字意义、声音之间都有联系。

青盲［tse^{33} me^{53}］

潮汕澄海方言称瞎子为“青盲”。澄海俗语有：“青盲想做目睭金胀死。”（目睭金，指眼睛完好雪亮）瞎子总以为明眼人多吃多占，比喻怀疑别人占了大便宜。又如，“青盲忌白点，癞哥忌红癣”，瞎子多是眼睛翻白，一听到人家说“白点”，就以为是在影射、讽刺自己眼睛瞎，此语用于比喻人忌讳别人说自己的短处。《后汉书·李业传》：“是时犍为任永君及业同郡冯信，并好学博古。公孙述连征命，待以高位，皆托青盲以避世难。”①

眼矇曰青盲

《诗·大雅》：“矇瞍奏公。”《传》：“有眸子而无见曰矇。”《疏》：“矇，即今青盲。”俗谓青盲音转如青名，皆读阴声（《客方言·释言下》）。

澄海属潮汕地区，“青盲”音应是阳声韵白读为鼻化韵。这样就跟客家话的阳声韵相当，可以互为证明。客家话还有“发青盲”的说法，其中“青盲”正是读作阴平。不是说人眼睛瞎，而是用来形容人想拼命的样子，其应为引申义。

四、广东各方言中的一些本字溯源考证

众牲

厦门话、潮汕话都把牲口叫做“精牲”[tsiŋ sĩ]，“精”的本字不明。从一般词语构词的文白层次来考虑，“牲”是白读音，通常情况下，[tsiŋ] 应当也是白读音。但厦门话来自梗摄的韵母 [iŋ] 都是文读音（如“更”、“争”、“正”、“星”），来自通摄三等的才是白读音（如“穷”、“宠”、“用”）。所以 [tsiŋ] 的本字不会是梗摄字，而应当是一个通摄三等字。恰好吴方言苏州话牲口叫“众牲”[tsoŋ saŋ]，“众”就是一个通摄三等字。“众牲”一词多见于文献，原作“众生”。《礼记·祭义》：“众生必死，死必归土。”《百喻经序》：“佛言，我今问汝，天下众生为苦为乐？”“众生”都指生灵，即兼指人和动物。清乾隆《苏州府志》：“六畜总曰众牲，众作平声。”“众牲”已转义只指家畜，“生”也已经写作表畜类的“牲”。众，《广韵》之仲、职容二切，章母送韵去声、东韵平声。苏州话“众”两读，一般音去声，“众牲”则用平声，与《苏州府志》所说相同。厦门话“众”文白两读（文 [tsioŋ]，

---

① 唐宏林：《浅析澄海方言中的古语词及其训诂意义》，华南师范大学中文系 2004 届本科毕业论文。

白［tsiŋ］)，都是去声，而精［tsiŋ］为平声，声调不合。不过可以认为，厦门话“众”也有平去声两读，平声用于“众牲”一词，和苏州话相同。①

客家话说家畜也说“头牲”［t'eu² saŋ¹］。

《祖堂集》作为佛教经典，有许多传达普度众生的用例，用的就是“众生”。例如：

①佛度众生为有心故，道不度人为无心故。(《祖堂集》卷三)

②师云：“作什么来?”对云：“教化唐土众生来。”师云：“欺我唐土众生。”(《祖堂集》卷十一)

③问：“一切众生皆有佛性，为什么有佛有众生?”师曰：“肯即同众异，不肯即异众同。”(《祖堂集》卷九)

毒［t'eu⁴］

“毒”在客家话中指动词，如“毒虫”、“毒老鼠”、“毒死人”(用毒物驱除、害死)。追寻它的本字，应该就是“毒”字，读去声。“毒”除了去声，还有入声一读，用作形容词。这可以从音变规律证明和文献证明两方面去看。

从语音上来看，现代普通话的“毒”形容词、动词同形同音。客家话里词性不同，声音就不同，一为入声，一为去声。从语音着手，追寻去声的由来。从文献看，古代似乎也是形容词、动词同形同音，是徒沃切［t'uk］，查有关的字典辞书，都没有发现有去声一读。但是，王力先生《汉语史稿》第三章有一段论述很有启发性：

中古汉语的形态表现在声调的变化上面。同一个词，由于声调的不同，就具有不同的词汇意义和语法意义。主要是靠去声来和其他声调对立，因为正如段玉裁所说，上古没有去声，后来一部分入声字转为去声，又有一部分平声字和上声字转为去声。在声调转化的许多词当中，就有一部分词是为了区别词汇意义和语法意义而引起声调的分化的。由此看来，我们屡次强调，语音、语法、词汇三

---

① 王福堂：《方言本字考证说略》，载《方言》，2003（4）。

方面要密切结合起来研究，那是有事实根据的。

就动词来看，声调的变化引起词性的变化，情况特别明显。凡名词和形容词转化为动词，则动词念去声；凡动词转化为名词，则名词念去声，总之，转化出来的一般都变为去声。因此，在这种情况下，我们应该把本义和派生的意义区别清楚（比如常见的“衣”、“冠”、“好”、“王”，本来是名词或形容词，用作动词就念去声，这在古书中有注明）。

根据王力先生的理论，古代汉语的词通过声调的变化来表现词汇意义和语法意义的变化是一条规律。可以推测，［t'uk］在客家话里由于表达的需要，按照语音发展的自然规律转为去声［t'eu］用作动词。在古代文献中，有作动词用的，但未见标明音读。如果能发现去声的音切，理由就更充分一些。

杨恭桓在《客话本字》中指出：“毒，此字书中止入声一义，徒谷切，注：害也，恨也。其实俗云用药毒死，音若豆，即此字。诵读字转去声，则为读点，字音豆。此毒字转去声，亦音豆，正是一例。”“毒”、“读”两字，在客家话里原来入声同音，转化之后，又都是去声同音，所以杨恭桓在此书中拿来作比较说明。据 2006 级、2007 级的湛江、茂名的同学说，他们那边“毒”也有动词读去声［tou］（豆）的用法。如果是这样，就多了一个旁证。这是否受到粤西客家话（当地称他们说的是“偓”话）的影响呢？有待进一步调查证实。

闽语的福州、漳州、厦门等和吴语的金华、温州等都有意义相同、去声调读音相当的用例。《中国语文》（2003 年第 4 期）有一篇文章为《福州话“毒”的本字》，从方言比较和语音发展两个方面去证明。

天日

广州话“明天”的口语音是“听日”［t'iŋ^{55} jet^{22}］。据甘于恩考察得知，“听日”就是“天日”的音变，而“天日”源于“天朝”或“天早”。可从方言比较和语音变化两方面去证明。首先，珠江三角洲一带有不少方言通行“天朝”或“天早”的说法：斗门天朝日［t'in tsiu jet］，江门天早［hin tsau］、台山［hen tau］、开平［hin to］、恩平［hin tsou］。古代汉语和不少方言都常以“朝、早、旦”来代替一天的时段，花都就把明天说成“听朝”。从语义角度来说，“朝”、“早”都意味着天明，以“天朝日”、“天早”来指称明天是顺理成章的，所以，“天日”应该是“天朝日”的简说。另外，粤语不少方言日母与疑母合流［ŋ-］，“天”的韵尾受了日字声母的同化，粤语区人又喜欢写方言字，为这个音节找了个同音的“听”字，反而掩盖了其本来的语音形式。四邑几个方言点的“天”、“听”不同音（“天”韵尾-n，“听”韵尾-ŋ），留下宝贵的线索。① 这个分析再一次证明了方言研究要同时注意时间和空间的比较和变化。

侯精一的《现代汉语方言概论》提到潮汕话（闽语）很有意思，两个数字词“蜀”和“八”都有其特殊的方面，即保留了古老的意义、用法和字形。

蜀［$tsek^{8}$］

即基数词“一”。《方言》卷十二：“蜀，一也。南楚谓之独。”郭注：“蜀犹独耳。”钱绎笺疏：“《广雅》‘蜀，弌也。’弌，古文一字……《淮南·俶真训》云：‘越舲蜀艇，不能无水而浮。’高诱注：‘蜀艇，一版之舟。’《管子·形势篇》云：‘抱蜀不言，而庙堂既循。’惠氏定宇云：‘抱蜀即《老子》抱一也。’《释山》云：‘蜀者，独。’郭注云：‘蜀亦孤独。’”

按：獨以蜀为声符，上古应是同音。以“独”解“蜀”，都有单一义，因此与“一”相通。如果有方言书面语用例，或是《方言》以外的古书用例，说服力更强些。

八［pak^{7}］

表示“认识”义。《说文》：“八，别也，象分别相背之形。”

---

① 甘于恩：《广州话“听日”的语源》，载《中国语文》，2003（3）。

认识，懂了，就能分别，这正是字的本义和发展。但是，“八”尚未找到文献用例。倒是书面写作“别”的例子历来都有，可以说明潮汕话的［pak⁷］就是继承了这个“别”的用法。潮汕话的“我别你”（我认识你），还有俗语的“别文别墨”（知文识字），这里的“别”字都是认识的意思。“伊解别字”（他会识字）的“别”字有认识、懂得已然事情的意思，由此进一步引申为已然、曾经，例如，“伊别来过”（他曾经来过）；“只车别去修理”（那辆车曾经修理过）。

古书中的用例有：

①犹别之而不别也。（《谷梁传·哀公六年》）

②坐无尼父，焉别颜回？（《世说新语·言语》）

③山中好处无人别，涧梅伪作山中雪。（顾况《山中赠答》）

④时有檀越胡公，尽室归依，请住大光山。有学人问：“混沌未分时如何？”师云：“特教阿谁叙？”问：“古人有言：不出门而知天下事。如何是不出门而知天下事？”师云：“犹是第二家主。”“如何是天下事？”师云：“清。”“如何是向上事？”师云：“不出户。”“如何是不出户？”师云：“别。”“为什么却别？”师云：“不齐众。”（《祖堂集》卷九）

⑤进曰：“不话朝堂之事，合谈何事？”师曰：“未逢别者，终不开拳。”（《祖堂集》卷九）

着［tiok］

应该，得［děi］，表示客观或情理上的需要。“件事着做呢做？”（这件事应该怎样做）潮汕地区的澄海民谚：“爱知山下路，着问过来人”，比喻经过实践的人才有经验。“天晴着预落雨米”，比喻凡事要留有余地。其中“着”都是应该、得的意思。从语音上来看，潮汕话的“着”保留了舌头音，官话通语的“着”则因语音改变，为了保持原来的音义联系而用舌头音的“得”代替。早期的文献，“着”往往也是潮汕话里的意义。例如：

①宰相时来须着做。（宋·王迈《贺新郎·呈刘后村》）

②有意送春归，无计留春住。明年又着来，何似休归去？（元·薛昂夫《楚天遥带过青江引》）

③玉郎见刘璞虽是个病容，却也人材齐整，暗想道：姐姐着配此人，也不辱抹了。（《醒世恒言·乔太守乱点鸳鸯谱》）

字典辞书没有收这个义项，通过这样的证明，可以提供给它们增补。[①]

虹（贡）［$kuŋ^4$］

客家话说“脓［$kuŋ^4$］”的本字。《集韵》：“虹，古送切。”《尔雅·释言》：“虹，溃也。”郭注：“溃谓败。”清·翟灏《通俗编·杂字》：“虹，去声……今云疮溃曰虹。”

“虹”也作“贡”，《文选·班固·幽通赋》：“周贾荡而贡愤兮，齐死生与祸福。”李善注引曹大家：“贡，溃也。”例如，《西游记》第七十三回：“这颗光头今日也不济了，常时刀砍斧剁，莫能伤损，却怎么被这金光撞破了皮肉，久以后定要贡脓。纵然好了，也是个破伤风。”[②]

考察本字的方法详列起来可以是条分缕析，在实际使用时却是互相关联、互相渗透的。因此，考察本字要注意以下方面：

其一，注意理论规律的认识和进一步的思考。事物都是互相关联、互相影响而发生变化的，表现在语言中也一样。袁宾谈的影响义，就是类推，也就是关联。有时先是语音发生变化，引起字形的替代，然后带动意义的演变；原来的东西到哪里去了呢？可能就沉积在历史和方言语言中，等待我们去发现，再把它们联系起来。例如，词义之间的影响变化，犹如两军对垒，处于有利地位的就胜利了，将对方同化了，如“缅怀”；反过来，也会有异化的现象，如

---

① 唐宏林：《浅析澄海方言中的古语词及其训诂意义》，华南师范大学中文系2004届本科生毕业论文。

② 练春招：《客家方言本字考释拾零》，转引自《客家方言研究》，广州，暨南大学出版社，2002。

“菲薄”、“凑寒”，原来同义的，相持之下，一方败下阵来，成为偏正结构，成为修饰关系。有时也会有语言之外的因素起作用。所以就要综合起来考虑，看待事物都要“风物长宜放眼量”，解决问题就会顺利一些。

其二，注意语音变化的规律。语音变化，不经意之间往往就是问题的关键，从这一点去考虑，就有收获。有时是一条路走不通了，换个角度，换条路可能又是一片光明。当然，先要把基础打好，不断充实自己各方面的知识，才能提高解决问题的能力。

第四章　词　　汇

一、广东各方言中的古语词

（一）各方言中保留的古语词和单音词

据刘镇发、许惠玲的调查，认为潮、粤、客三大方言拥有将近100个相同的来源于古汉语的单音词。最多的是动词，接着依次是名词、形容词和其他词。①

例如，《左传·成公二年》：“余姑翦灭此而朝食。”在广东各方言来说都用这个“食”，如“食朝”、“食昼”、“食夜”、“食晏”、“食冥”、“食糜早”，往往又用时间词作为饭餐的代称，于是说起来很有特色。但其中也有一些变化，客家话和潮汕话无论固体或液体都是“食”，如“食水”、“食茶”、“食酒”，甚至说“食烟”；而粤语对液体来说就已说成“饮”了，如“饮水”、“饮茶”、“饮酒”。

受语音简化的影响，中古后北方汉语复音词不断增加，后来，更加上构词词缀的增加和大量使用，使复音词明显压倒单音词而处于词汇的主要地位。方言词汇的发展要明显慢于北方，方言语音简化的脚步较慢，特别是韵部（塞音韵尾，双唇鼻音韵尾等）和声调（入声，四声八调），使得单音的区分度较高，客观上没有那么强烈的双音化要求，因此更多地保留了古代汉语的单音节词，方言语音的存古和词汇的单音词两种因素相汇合，听得懂的认为更古老一些，听不懂的从音节上就感觉差别太大，对不上号。

---

① 刘镇发：《香港客粤方言比较研究》，175页，广州，暨南大学出版社，2001。

一些现代书面常用的词，如“云彩”、“面条”、“木头”、“沙子”、“蚊子”、“袜子”、“杯子”、“裤子”、“镜子”、“叶子”、“歌儿”、“花儿”、“事儿”、“馅儿”、“份儿”等，在广东人的日常表达中，可能就是要去掉后缀，剩下单音来表示。在方言交际中说的话，也会不时夹杂着存古的词语。下面举些常见的例子来看广东各方言保留古语词的情况。

粤方言：口　执　拎　谂　畀　饮

潮汕方言：伊　鼎　册　糜　目　曝　冥　沃　解　东司

客家方言：噍　揬　转　颔　满　歇　寻

潮、客方言共有：喙　樵　卵　箸　炙　爱（要）　乌　吮　萦　舐　必　泛（冇）　擎　徙　畏　生理

粤、客方言共有：话　渠　着（穿）　颈　亦　禾　毛　颏　转　斫　悭　包（保证）

粤、潮方言共有：睇　瞓　喊　担　殴　妗

粤、潮、客三种方言共有：行　淋　食　衫　息　索　面　无　晏　光　肥　狭　禾　徛　抵（值）　斗　笃　细　啜　蚀　惜　正（刚，才）　日头

话

“话”在共同语的发展是：唐代时作为动词，宋代时作为名词，到了元代则沿用为名词。

“说”词的变化，是由“话”到“说”到“讲”。

粤语和客语都说“我话你知”，日常使用等于“说”；客家话说人说三道四就是“话三话四”，而“偃话事”表达的是我主事、我说了算的意思。这个动词“话”，据汪维辉（2003）考证形成于唐代；在上古是名词，出现频率低，偶尔作动词是告诉的意思。例如：

①盘庚作，惟涉河，以民迁，乃话民之弗率。（《书·盘庚中》）

②开轩面场圃，把酒话桑麻。（孟浩然《过故人庄》）

③何当共剪西窗竹，却话巴山夜雨时。（李商隐《夜雨寄北》）

④看君话王室，感动几销忧。（杜甫《西阁口号呈元二十一》）

⑤这丫头做娘的话也不听，只你说得他信，话得他转。（《醒世恒言》第三卷）

在普通话里，意义保留在熟语的还有：话别，话家常，而日常就以“说”代替了。潮汕话不同，用的是“呾”，有没有可能是“道”呢？“中冓之言，不可道也”（《诗·鄘风·墙有茨》），可讨论。

食

例如：

沽酒市脯不食。（《论语·乡党》）

《论语》的这句话，食的对象包括固体的肉干和液体的酒。客家话和潮汕话完全继承了这种用法，如“食饭”、“食酒”、“食茶”、“食水”、“食烟”。粤语则在液体方面用另一个古语词“饮”，跟“食”的用法一样，在特定场合古人也将“饮”和“食”通称为“饮”。又如：

①冬日则饮汤，夏日则饮水。（《孟子·告子上》）

②吕后与两子居田中耨，有一老父过请饮，吕后因餔之。（《史记·高祖本纪》）

粤语有这种用法，如“饮水”、“饮茶”、“饮酒”，并且“请饮”形成了一个固定结构，是请客的意思。

著（着）

例如：

①著衣冠，令其友操剑，奉笥而从，造于君庭。（《晏子春秋》）

②素香听罢，答曰：“……次日梢子饮酒大醉，妾遂着先夫衣冠，脱身奔逃，偶然至此。”（《喻世明言》第二十三卷）

广东的三种方言都说“着衫裤”、“着鞋袜”，但不说“着帽子”。现代将古今替代的不同单音动词合成双音的固定结构：穿着打扮。

卵

例如：

①以其言非吾言者，是若以卵投石也。(《墨子·贵义》)

②故曹小国也，而迫于晋楚之间，其君之危，犹累卵也。(《韩非子·十过》)

潮汕、梅县说卵，兴宁说春，名有不同。客家话还把放屁说成打屁卵，有点特殊，大概是词义引申吧。刘佐泉说客家方言“蛋”、“叹”同音，不吉利，说“卵”又嫌粗俗，改用表示舒服安逸意思的“春春光光”的“春”来称说蛋。

息

息是子孙的意思，由繁殖义引申而来。下文的“贱息”，是对自己儿子的谦称。而“子息”，就是子孙后代。例如：

①老臣贱息舒祺，最少，不肖，而臣衰，窃爱怜之。(《战国策·赵策四》)

②今制自王公以下至于卿士，其子息皆诣太学。(《魏书》)

曾孙曰塞子

《释名》：“曾孙义如曾祖。”案：曾祖为从下推上祖位，转增益，则曾孙为从上推下孙位，转增益也。曾、塞齿音，旁纽相迤，是塞子即曾子之转语，曾于语例，同乎曾孙。《嘉应志·方言》曰：“屈大均谓广州人呼曾孙为塞，其实息字，息，小儿也，曾孙最小，故以息为名。《释名》：息，塞也，言物滋息。塞，满也，至曾孙则生齿繁矣，言塞满门户也。”案：“此非语柢，然因声求义，其说可通”(《客方言·释亲属》)。

噍

例如：

①亦呐呐而噍，乡乡而饱矣。(《荀子·荣辱》)

②口齿以噍食。(《论衡·道虚》)

“嘸”，今天普通话用“嚼”或双音词“咀嚼”代替。客家话则仍是“嘸”，如“你喙肚欸嘸脉介”（你嘴巴里在嚼什么）？说人喜欢到处说三道四造谣是“嘸痢肚”，很诙谐也很形象。

挼

例如：

①挼绳破篾。（《南史·周迪传》）

②两手自相挼。（韩愈《读东方朔杂事诗》）

客家话也是“挼”，说起来跟上两例古人的说法完全一样，挼绳破篾编竹筐，两只手相挼，这个“挼”，就是搓的意思。

颏，颔

“颏”，下巴。“颔”，意为点头。一名词一动词，部位相关。例如：

①石坛坡陀可坐卧，我手承颏肘拄座。（韩愈《记梦》）

②逆于门者，颔之而已。（《左传·襄公二十六年》）

③玉皇颔首许归去，乘龙驾鹤来青冥。（韩愈《华山女》）

客家话说脖子就是“颏下”，如“颏下痒死欸，好像分蚊里咬到欸”。“颔”表示点头，如“你同意无？同意就颔一下头”。继承了古代的用法。

满子

古义是幼儿。客家话引申为排行最末的孩子；或是称呼同辈中年纪最小者，如满姑，指最小的姑姑，其他如满叔、满姨、满仔等。例如：

①满子面甜糖脆饼，萧娘身瘦鬼常娥。（五代后晋·何光远《鉴诫录·攻杂咏》）

②满子，嘉应称子女之最小者。（清·张心泰《粤游小志》）

《说文》：“晚，莫也。从日，免声。”“晚”、“满”音相通而写作“满”。

沃

例如：

且夫救赵之务，宜若奉漏瓮沃焦釜。(《战国策·齐策》)

《说文》："沃，溉灌也。"段注："自上浇下曰沃。"

潮汕话保留了自上浇下的意思，浇水是"沃水"，被雨淋是"沃雨"，说"衫分雨沃湿去"（衣服被雨淋湿了）。也有谚语说："云盖中秋月，雨沃元宵灯"、"日曝清明纸，雨沃谷雨田"。[1]

鼎

《周礼·秋官·掌客》："鼎簋十有二。"注："鼎，牲器也。"鼎是古代的一种烹饪器，大概是煮肉的锅吧。后来专指传国的重器。

潮汕话把最古老的、字形表达的意思保留下来，就是把锅说成"鼎"，潮汕有句俗话，形容过年前的准备："粑鼎采囥，做粿送神。"所谓"粑鼎"，就是把锅拿到外面反过来，将锅底的烟垢清除干净。

糜

例如：

①养衰老，授几杖，行糜粥饮食。(《礼记·月令》)

②粥之稠者曰糜。(《尔雅·释言》注)

③炊忘著箪，饭今成糜。(《世说新语·夙慧》)

潮汕话口语只说糜不说粥，如"汝日昼爱食饭阿是食糜"（你中午想吃饭还是喝粥）?[2] 潮汕澄海有俗话说："后生食糜免物配，年老无配免食糜"（年轻人喝粥不用菜，年老时没有菜不能喝

---

① 唐宏林：《浅析澄海方言中的古语词及其训诂意义》，华南师范大学中文系2004届本科生毕业论文。

② 林燕飞：《从世说新语的词汇现象看潮汕方言对古汉语的保留》，华南师范大学中文系2007届本科生毕业论文。

粥——谓年轻人胃口好，老年人胃口不好）。①

解

《广韵》："胡买切，晓也。"意思是会，懂得。进一步的引申义就是能够。例如：

①好读书，不求甚解，每有会意，便欣然忘食。（晋·陶潜《五柳先生传》）

②小口黄雏未有知，青天不解高高飞。（庄南傑《黄雀行》）

③喧卑从宦出喧卑，别画能琴又解棋。（郑穀《赠宗人前公安宰君》）

④解释愁肠结，能分睡眼开。（罗隐《钱》）

⑤我重君能赋，君褒我解诗。（李洞《吊侯圭常诗》）

⑥未会子孙因底事，解崇台榭为西施。（罗隐《姑苏台》）

⑦马师云："汝解射不？"对云："解射。"马师云："一箭射几个？"对曰："一箭射一个。"马师云："汝浑不解射。"进曰："和尚莫是解射不？"马师云："我解射。"进曰："一箭射几个？"马师云："一箭射一群。"（《祖堂集》卷十四）

⑧诸人道是谁如此解会？须是鹅王之作始得。（《祖堂集》卷十二）

⑨又问："解算不？"对曰："解。"（《祖堂集》卷三）

在古书中，"解"常跟"会"、"能"相对，上引第③例有"别画能琴又解棋"，第⑧例有"诸人道是谁如此解会"的"解"、"会"同义连用，说明"解"跟"别"、"会"、"能"都是同义词。潮汕话日常用语时时有"解"，如"伊解别字（他会识字）"。"解做"是能做、能干的意思。"解去"是能去、会去的意思。"解使"是会用的意思。

---

① 唐宏林：《浅析澄海方言中的古语词及其训诂意义》，华南师范大学中文系 2004 届本科生毕业论文。

擎

“擎”是向上托举的意思。例如：

①擎跽曲拳，人臣之礼也。(《庄子·人间世》)

②婢擎金澡盘盛水，琉璃碗盛澡豆。(《世说新语·纰漏》)

③僧曰：“如何是和尚重处？”师曰：“不擎拳向阇梨。”(《祖堂集》卷六)

④汝擎茶，吾为汝吃；汝持食，吾为汝受；汝和南，吾为汝低首，何处不是示汝心要？(《祖堂集》卷五)

⑤师得一日，手擎函板，绕郭辞人云：“我迁化去。”(《祖堂集》卷十七)

⑥待道是郑观音，不抱着玉琵琶；待道是杨贵妃，不擎着白鹦鹉。(《宣和遗事》亨集)

潮汕人有客来如古人一般地“擎茶分汝食”。见到仇人是“擎拳相打”。客家人碰到下雨就要“手擎遮欸”。另外，“擎”的读音在诸方言仍然是舌根音。

包

例如：

包你没事便了。(《元曲选·陈州粜粮》)

“包”意即保证，统揽。粤语和客家话也把保证说成“包”，如“我包你无事”，就是“我保证你没事”，或是“我向你保证没事”。

(二) 保留了古义的方言词

完全保留古义而显得跟现代汉语有差别，一些保存在方言中的古语词因为不通用，反而被认为是方言词，如上节所举。其实在现代方言中，这样的词语是常见常用的。例如：

行　走　脚（指小腿及以下）　拍　丈夫（潮汕话指男人）　屋（屋大房小）　企　恶　牙　面　吮　舐

行

粤方言口语会说："慢慢行，快啲走。"说"我个脚痛死"时，可能就是小腿有毛病。

拍

《广韵》："拍，打也。"潮汕话说打就是拍，如"我拍汝"、"去医院拍针"、"我乞伊拍（我被他打）"，都保留了古义。

黄钊的《石窟一征》卷七"方言"解的是客家方言词语："怜爱曰惜。喜乐曰兴（上声）。忧闷曰切（切，戚也）。养曰供（读恭去声），生子曰供，饲畜产亦曰供（盖以供养二字混而为一也）。"

惜

例如：

①贫年忘日时，黯颜就人惜。（鲍照《代贫贱愁苦行》）

②臣闻昔之圣明，不爱千乘之国而惜桐叶之信，所以重至尊之命而达于万国之诚也。（《晋书·挚虞传》）

以上两例中，"惜"就是爱和珍视，尤其第②例，"爱"和"惜"对举同义，很能说明问题。客家山歌唱道："声声都话鹊鹊鹊，到底唔知惜哪侪。"利用"鹊"、"惜"谐音双关，问对方到底爱哪个。"惜细妹欸"就是爱女孩子。"惜"就是爱，很清楚。粤语说"惜细佬仔"，则是疼爱的意思。

兴

"不兴其艺，不能乐学。"（《礼·学记》）"兴之言喜也，歆也。"（《注》）按：句中的"兴"即喜欢。

看到人高兴问缘由，就是"咹兴做脉介"（为什么那么高兴）。这里用单音词"兴"代替了现在的双音词。

切

客家话的"切"，应该用的是引申义，我们常说"切肤之痛"，指的就是忧虑和痛苦。客家话常说心痛得"切切调（音 tiáo，词尾）"，很贴切。

供，养

“供”、“养”同义联用，文献很早就有了，《韩非子·外储说左上》：“子盛壮成人，其供养薄，父母怒而诮之。”是说奉养父母。《客方言·释言下》：“《周礼·大宰注》：生，犹养也。生、养两义相成，故俗于妇女无子者，谓之无生养。供与养同义，生养连语，供养亦连语。”客家话引申之就是把养育小孩、饲养牲畜说成“供子”、“供猪”，用同一个词。

诈

“诈”意为装，假装；骗。例如：

①根遂诈死。(《后汉书·杜根传》)

②初时还是诈穷，以后坐吃山崩，不上十年，弄作真穷了。(《警世通言》第二十二卷)

③贺小姐诈病在床，呻吟不绝。(《醒世恒言》第二十八卷)

④高氏听得，便骂起来：“你这破落户，千刀万剐的贼，不长俊的乞丐！见我丈夫不在家，今来诈我！”(《警世通言》第三十三卷)

⑤那焦氏也不起身，反骂道：“这贱人，你把死来诈我么？且到明日与你理会。”(《醒世恒言》第二十七卷)

古代“诈”的假装义和动词的用法，在客家话和粤语中沿用下来。客家话完全跟上面的例子说法一样，说“诈死”、“诈病”、“诈穷”。粤语的说法也差不多。语音则跟普通话相差不远，是不卷舌的［za］。

客家话“诈”还有欺骗义，比如说“诈人”、“诈把戏”，跟上举的第④、第⑤例一样，“诈”是欺骗。从《客方言》可以看到它的源流。

撮即诈之声变，《说文》：“诈，欺也。”《尔雅》：“训伪。”《方言》：“胶谲，诈也。诈，通语也。诈从乍声。乍，锄稼切，入清母，与撮正纽音和。”何休的《公羊》注：“诈语谓陷阱奇伏之类。”高诱的《吕览》注：“诈谓诡变用奇。”今语谓演幻戏亦曰撮把戏。幻戏诡变奇伏，作伪欺人故曰诈。(《释言上》)

按：客家话的“诈人”、“诈把戏”之“诈”音是入声，跟它的谐声偏旁“乍”音一致，所以罗翙云才把字写作入声的“撮”。其音义源流演变还值得进一步探讨。

向

“向”意为在。

广州话：“响边度吖？响屋企。”（在哪儿呢？在家里）

这个“响”本作“向”，在中古汉语中常用来表示行为动作发生的处所。例如：

①绿条映素手，采桑向城隅。（李白《陌上桑》）

②已矣可奈何？冻死向孤村。（陆游《风云昼晦夜遂大雪》）

③显名于凤阁之中，画影向麟台之上。（《变文集》卷五）

④见僧说泗洲大圣近在扬州出现，有设问曰：“既是泗州大圣，为甚么却向扬州出现？”（《五灯会元》卷十五）

⑤三骑马向征尘影里转灯般厮杀。（《水浒传》第六十四回）

“向”的这个意义后来在普通话里消失了，却保留在广州话的口语里。因为在口语里“向”音变读成“响”，所以本地人就写成了同音字“响”。①

二、方言中的单音词较多跟古代汉语词汇特点相一致

（一）各方言与现代汉语相比的特点

各方言使用单音词较多是因其有与古代汉语词汇相一致的地方。所使用的单音词，跟现代汉语相比，又表现为以下特点。

1. 方言用现代汉语双音词中单音的古词素（加点的字为古词素）

现代汉语的双音词如“使用”、“监牢”、“知道”、“健康”、“力气”、“惊慌”、“饥饿”、“光亮”、“狭窄”、“肥胖”、“殴打”、“锋利”、“干净”、“绳索”、“进入”、“浑浊”、“认识”。在使用这些词语的时候，常常看到方言这样表达：“使钱”、“坐监”、“惊

① 黄小娅：《响边度吖》，载《羊城晚报》，2010年3月28日第B3版。

死”、“肚饥”、“天光了”、“好狭”。例如：

①这个人肥死。

②衫裤洗净了。

③拿条索来绑等佢。

④出门看天色，入门看面色。

⑤这把刀十分利。

⑥入来啊，这里没人。

⑦这里的水浑死里。

⑧你识唔识佢啊？

上面列举的词语或句子，都是广东各方言的日常用语，用的都是所举的古代单音词，而不是像普通话里的用双音词表达，或是换了现代词语。

2. 方言用古代的单音词，而现代汉语用字面不同的双音词

脖子	翅膀	没有	上衣	害怕	夜晚	裂开	叶子	(现代汉语的双音词)
颈	亦	无	衫	惊	冥	必	箬	(方言的单音词)

筷子	认识	保证	倒霉	生气	脑袋	怄气	(现代汉语的双音词)
箸	别	包	衰	恼	头	闳	(方言的单音词)

也有古代到现代换了不同的双音词来表示同一件事物的，例如，“日头→太阳”，方言就沿用了“日头”。

3. 古今换了不同的单音词，而方言中仍保留了古代的

方言（古汉语）：	光	狭	肥	蚀	转	寻	炙	诈
现代汉语：	亮	窄	胖	亏	回	找	晒	装

（二）双音、多音的古语词

粤方言中的古词语，如“审慎”、“卒之”、“旧时”、“适值”、“抑或”、“皆因”、“无他”、“若果”、“若为”、“于是乎”。

严格来说，上面有些并不是词，只是词组、固定结构或是习惯上经常连用的两个词。不过它们带着较浓的文言味道，给粤方言口语增添了古雅的色彩，尤其是后面几个连词，非但不具一般口语通

俗浅显的特色，简直就像从古书直接摘下来的。为什么会有这种现象呢，值得探讨。

例如：

①别离方异域，音信若为通？（王维《送晁监还日本》）

②天公强多事，今遣若为分？（《游仙窟》）

③居贵要但问心若为耳。（《宋书·王景文》）

④戚青初时辩说，后吃邻舍指证叫骂情由，分说不得。（《喻世明言》第二十卷）

潮汕话中的古词语，如“东司”、“翘楚”、“有长”。

客家话中的古词语，如“静办”、“生理”、“拘礼”、“炙日头”、“隔篱邻舍（邻居）”。

翘楚

本指高出杂树丛的荆树，用来比喻杰出的人才。例如：

①翘翘错薪，言刈其楚。（《诗·周南·汉广》）

②楚，杂薪之中尤翘翘者，我欲刈取之。（《毛亨传》）

③今其为义疏者，则有沈文何苏竟刘炫……刘炫于数君之内，实为翘楚。（孔颖达《春秋正义序》）

④你翘楚勿来食。（你有本事别回来吃饭）

⑤这个奴团生来真翘楚。（这孩子长得真好看）[①]

潮汕话则将“翘楚”引申用为形容词，义为出色、有本事、出类拔萃等，在口语中常用。

东司

原是唐代设于东都洛阳的官署总称，后用作称厕所。据方国平考证，东司表厕所源于避讳，并不是位于屋舍东面而得名，正如王力先生所说：“某些被认为秽亵的词语常常被改为比较‘雅’的或

---

① 唐宏林：《浅析澄海方言中的古语词及其训诂意义》，华南师范大学中文系2004届本科生毕业论文。

比较隐晦的词语。”唐代分司东都制度产生“东司”一词；又随着造纸业的发展，人们开始用纸张来擦拭秽物，手握草纸如厕和手拿状纸去官府告状在形式上有相似性，出于避讳的考虑，用“告状”来代替如厕义，用表官府义的“东司”来委婉称说厕所就从宋代开始。而后这种用法保留在南方一些方言中，潮汕话就是其中之一，例如，潮汕俗语有：[①]

①脸皮厚过东司墙。（形容人厚颜无耻）

②东司头照小影——臭相。（形容人耍赖）

③鸭团跳东司——赶伙。（形容人好凑热闹）

其中的“东司”都是指厕所。古书中的例子有：[②]

①夫人，生得好时，讨来早辰间侍奉我门汤药，黄昏侍奉我门上东司。（宋·无名氏《张协状元》）

②……因为登东厕，挂在壁间失下了的。（《初刻拍案惊奇》卷二十一）

③定眼再看时，却是史大汉跧蹲在东司边。（《古今小说·史弘肇龙虎君臣会》）

有长

“有长”意为有剩余。《广韵》：“长，多也。”

古书有“长物”一词，义为剩余之物。例如：

王恭从会稽还，王大（忱）看之。见其坐六尺簟，因语恭：“卿东来故应有此物，可以一领及我。”恭无言。大去后，即举所坐者送之。既无余席，便坐荐上。后大闻之，甚惊，曰：“吾本谓卿多，故求耳。”对曰：“丈人不悉恭，恭作人无长物。”（《世说新语·德行》）

潮汕话、客家话都把有钱剩余说成“有钱长”。

---

① 例句中的俗语由华南师范大学2006级汉语言专业郑信得同学提供。

② 方国平：《“东司”表“厕所”义的由来》，载《汉字文化》，2009（5）。

生理

例如：

①我打你个游手好闲，不务生理的弟子孩儿。（萧德祥《杀狗劝夫·楔子》）

②其一分众喽罗分去，为衣食之资，各自还乡生理。（《警世通言》第二十一卷）

③夫妻二口，不做生理，靠着祖遗田地，见成收些租课为活。（《醒世恒言》第二十二卷）

上面三例，第②例的“生理”用作动词，第①、第③例用作名词。而现今潮汕话和客家话都把生意说成“生理”，作名词用，如潮汕话说“伊阿大人做生理个”，即是说他父亲是做生意的。

静办

“静办”是中古的双音词，跟安静同义。

例如：

①又安得个慨然有志、扶竖宗乘的衲子出来，喝散大耳，非唯耳边静办，当使正法久住。（《续传灯录·思慧妙湛禅师》）

②却整日闹吵，没一日静办。（《警世通言》第二十卷）

客家话也说“静办”或“静静办办”，来表示安静妥当的意思。

拘礼

例如：

随意吃喝，不必拘礼。（《红楼梦》第四十四回）

客家话叫人不用客气是“唔使拘礼”，实在有点古雅的味道。

阴功

“阴功”是由佛教而来的词语，义为阴德。

例如：

①哥，你日后那没来回没正经养婆娘、没搭煞贪财好色的事体少干几桩儿，却不儹下些阴功，与那小孩子也好！《（金瓶梅》第

五十七回)

②若道阴功能济活，且将方寸自焚修。(司空图《携仙箓》)

在粤方言中引申的一种用法就是虚化为感叹词，表示同情，如“好阴功哦，这个细佬仔，咁细就无着老母”(好可怜的小孩，这么小就没有了母亲)。对受到的指责或不公正对待表示不平，如“咁阴功嘅，我又无做错事”。还有一些复杂的感慨。

于是乎

“于是”是一个上古沿用下来的文言虚词，是一个介宾结构，例如：

①于是乎赋《湛露》。(《左传·文公四年》)

②于是有容貌、采章、嘉淑，而有加货。(《左传·宣公十四年》)

而后“于是”进一步虚化为连词，例如：

①申人、鄫人召西戎以伐周，周于是乎亡。(《国语·晋语一》)

②须臾，梁眴籍曰：“可行矣!”于是籍遂拔剑斩守头。(《史记·项羽本纪》)

粤方言承接了连词的用法，把“于是乎”普遍用于口语，让家常话带上了独特的味道，例如：①

①于是乎我就去揾佢。(于是我就去找他)

②准备咗几个月，于是乎考中咗大学。(准备了几个月，于是考上了大学)

三、词的结构的继承和变化

(一) 倒序词语

魏晋以后双音词大量产生和发展，但双音词的组合有一个逐渐

---

① 袁家骅等:《汉语方言概要》(第二版)，225页，北京，语文出版社，2001。

凝固的过程，期间内部容易发生字序颠倒的现象，例如：人客—客人，闹热—热闹，两种构形在中古文献里都常见，袁宾的《近代汉语概论》转述说，《水浒传》的双音倒序动词就有100多个，可见双音词构成过程中字序不稳定的现象是正常的，只是后来人们选择了一种形式并固定下来后，现在回头看另一种时感觉就是将字序颠倒过来了。

中古近代的著作里面，常见这些词序互相颠倒的双音同时出现，如“把守”，“守把”；“力气”，“气力”；“蔬菜”，“菜蔬”；“名声”，“声名”；“命运”，“运命”；“辛苦”，“苦辛”；等等。

以下是古书的一些用例：

①问知人客姓，诵得老夫诗。（杜甫《感怀》）
②腰痛拜迎人客久。（白居易《酬周从事》）
③昼夜勤作息，伶俜萦苦辛。（乐府民歌《焦仲卿妻》）
④蚕家辛苦尚难裁，终日何曾近镜台。（《变文集》卷五）
⑤却整日闹吵，没一日静办。（《警世通言》第二十卷）
⑥异日声名远大，非此等闲。（《西游记》第九回）
⑦坏了我的名声。（《西游记》第四十八回）

广东的方言都保留了相当部分的倒序词语，在今天共同语的角度看字序颠倒了，实际上应该是共同语和方言当初在两种词序还摇摆不定的情况下，各自选择了一种，逐渐固定下来，同时淘汰了对方的形式，然后一直沿用到今天。这类词语三种方言都有一部分相同的选择，常用的倒序词语如：

紧要　闹热　欢喜　人客　尘灰　菜干　兄弟　鸡公　鸡母　牛牯　背脊　宵夜　康健　齐整　挤拥

（二）合音分音词现象

合音分音词的现象古已有之。

诸

“诸”用在句中往往是“之于”的合音，用在句末则是“之乎”，例如：

①穆公访诸蹇叔。（《左传·僖公三十二年》）

②闻斯行诸？（《论语·先进》）

生

“生”是“先生”的合音。中古的书信中常见，例如：

李生足下：生之书辞甚高，而其问何下而恭也。能如是，谁不欲告生以其道……虽然，不可不为生言之。生所谓“立言”者，是也；生所为者与所期者，甚似而几矣。抑不知生之志，蕲胜于人而取于人邪……念生之言不志乎利，聊相为言之。愈白。（韩愈《答李翊书》）

这样短短一封文人之间的书信，八个“生”，对称都是“生”，足可证明是当时的流行语，也是社交场合的礼貌用语和敬称。这种用法起源很早，《诗·小雅·常棣》：“虽有兄弟，不如友生。”《史记·儒林传》：“言《礼》自鲁高堂生。”《索隐》：“自汉以来儒者皆号‘生’，亦‘先生’省字呼之耳。”在这些文中“生”指有才学之人，也是读书人的通称。

在粤方言，“生”是省称，社交场合常用作平辈、长辈的较正式的礼貌的称呼，往往是对男性，如“阿生”、“李生”、“王生”、“陈生”。在客家话中，则是“先生”的合音词［xiaŋ］，最主要是用在对称老师。

且

“且”是“亲家”的合音。如亲家翁曰且公、亲家母曰且姆、亲家兄弟曰且伯且叔。

《嘉应志》曰：“且音读入麻部，黄香铁云：是亲家二字合为一字，盖缓读之则为亲家，急读之则为且。此说是也。案（州志自案）：且与借声相近，凡言且者，皆谓姑且如此，即假借之意，对本家父母伯叔言，则且公、且姆、且伯、且叔，皆有假借义。”翙云案：黄说自确，案语近于附会。《释名》：“亲，衬也。”衬与且同音，是且即亲之转语。俗呼且公，亦曰妻阿公，且婆亦曰妻阿婆，且伯、且叔亦曰妻阿伯、妻阿叔。且即妻阿二字之合音，急呼则为且，缓呼则为妻阿也。①

按：罗翙云用俞樾《古书疑义举例》中“语急”、“语缓”来解释语言中的合音、分音现象，分别称为“急读”、“急呼”和“缓读”、“缓呼”，并举例将问题说清楚。

潮汕话的三身代词复数似也有合音现象，“侬”附着在“我”、“汝”、“伊”的后面，省音为［-ŋ］。

四、词的意义的继承和变化

（一）古语词的意义在方言中的发展演变

词的意义进入方言后在古代的基础上因各种原因发生变化，其实就是词义的正常变化，不过不再是随着共同语而变，使用范围缩小了，因其变化拉大了彼此间的距离。这种变化无非也是词义扩大了、缩小了、转移了或是感情色彩不同了。如潮汕话和客家话的“鼻”，由名词到动词、由指鼻子到鼻涕再到闻和嗅，就是词义扩大的例子。

落

《辞源》中“落”无下雨之义。

广东诸方言中“落”都用作“下雨”及类同之义，如“落雨”、“落车”、“落雪”、“落水”、“天落油炒饭”。

娘

例如：

父母统称爷娘，又曰爷哀　哀字有数义……有当训爱者，《吕氏春秋》：人主何可以不务哀士。高诱注：哀，爱也。《释名》：哀，爱也，爱乃思念之也……今客俗生以哀称母，哀属母，此哀训

① 罗翙云：《客方言·释亲属》，184页，广州，华南理工大学出版社，2009。

为爱之义，犹曰慈也。母死称哀子者，哀属子，此哀训为悲哀、哀怜之义。(《客方言·释亲属》)

罗翙云之考证有道理，今天客家人仍背称父母为爷哀。背称母亲为哀，应该就是古人称母死之子“哀”的引申。清代武平人林梁峰的《一年使用杂字文》有：“爷称显考哀称妣，安起灵牌等外家。”就是用“爷哀”两字。古代死了父亲的孩子称“孤”，死了母亲的孩子称“哀”，父母双亡称“孤哀子”。《通典·开元礼纂类·虞祭》：“维年月朔日，子、孤子、哀子某，敢昭告于考某官封谥。”注：“孙曰哀孙，此为母及祖母所称也。父祖则称孤子孤孙。”母死称子为哀，母生则称母为哀，书面加上偏旁“女”构成一个新字，用类推法造就了一个新字新词。

大人

“大人”古代是对父亲的面称、敬称。例如：

①高祖奉玉卮，起为太上皇寿，曰：“始大人常以臣为无赖，不能治产业，不如仲力。”(《史记·高祖本纪》)

②孔融被收……融谓使者曰：“冀罪止于身，二儿可能全不?”儿徐进曰：“大人岂见覆巢之下，复有完卵乎?”(《世说新语·言语》)

③太丘问炊何不馏，元方、季方长跪曰：“大人与客语，乃俱窃听，炊忘著箄，饭今成糜。”(《世说新语·夙慧》)

潮汕话中“大人”变化为对父亲的背称。

林燕飞说，“大人”在潮汕话有两个义项：一指成年人，与现代汉语相同；一指父亲，多作背称，如“伊阿大人做生理个”(他父亲是做生意的)。在背后指称父亲，正是从古人对父亲的面称引申发展而来。

子细

“子细”原为细心，认真的意思。其引申为客气，表示客气的答谢语。例如：

①为政贵当举纲，何必须太子细也。(《北史·源贺传》)

②明年此会知谁健，醉把茱萸子细看。（杜甫《九日蓝田崔氏庄》）

客家话“子细”义演变为表示感谢、表示客气的答谢语，比如接受人家的礼物时表示谢意，往往会说“唔使咹子细”（不用那么客气）或是“咹子细做脉介”。

耐

“耐”的本意是一种剃去胡须的刑罚，《汉书·高帝纪》：“春，令郎中有罪耐以上，请之。”又《汉书·功臣表》：“侯禄嗣，七年，孝景四年，坐出界，耐为司寇。”虽然这种刑罚不算重，比起剃光头发的髡刑好多了，但还得人们对它有足够的承受能力。《荀子·仲尼》：“能耐任之，则慎行此道也。”一般引申为受得住、禁得起，构成“耐劳”、“耐热”、“耐烦”，而不急躁、不厌烦就是“耐心”。“几耐者谓时候多少，时候多要忍耐，故谓之耐；时候久曰好耐”（孔仲南《广东俗语考》），这句话解释了粤语的“耐”，是从受得住需要时间，因而引申为时间长，[①] 例如：

①佢话分离冇几耐，就有书回转。（《粤讴·离筵》）

②索性共你分离，免得耐耐又试惨凄。（《粤讴·留客》）

③相逢有咁耐咯，恼过亦有咁多番。（《粤讴·义女情男》）

④我等着你好耐啦。（我等你好久了）

⑤读书唔好读咁耐，透一阵啦。（读书不要读那么长时间，休息一会啦）

闹

“闹”本指喧闹，其引申为骂。

《说文》新附：“闹，不静也，从市斗（鬥）。”从字形看很形象，两人在集市上打架。不过文例只见唐代的喧闹义，如“曹司繁闹，无时暂闲”（张鷟《朝野佥载》四）。粤语的“闹”从喧闹、吵闹义发展到骂义，词义可说是缩小了，骂也导致吵闹喧哗；

---

① 之其：《“耐”本是一种刑罚》，载《咬文嚼字》，2009（12）。

从另一个角度也可以说，粤语的意义保持了字形反映的古义，“佢又冇做错事，你唔好成日闹人啦”（他又没有做错事，你不要成天骂人啦）。

叫

例如：

①或叫于宋大庙。（《左传·襄公三十年》）

②只是口唠噪，见人说得不切事情，便喊一响。（宋·陈亮《龙川集·又甲辰答朱元晦书》）

③啼哭谓之叫。广州呼召人曰叫，而啼哭谓之喊。客俗呼召人曰喊，而啼哭则谓之叫。《说文》：叫，呼也。《诗·毛传》：叫号，呼召也。则以呼召为叫，其义自正。然《宋史略》：仁宗生昼夜啼不止，有道人能止儿啼，召入，则曰“莫叫，莫叫，何如当初莫笑”，乃止。是宋人既以啼哭为叫矣。（《客方言·释言下》）

“叫”和“喊”，可说是先后产生的同义词，客家话用“叫”来表示哭，“你叫脉介”（你哭什么），粤方言用“喊”来表示哭“你喊乜嘢”（你哭什么），是类同方向的引申。不同的方言选择了不同的同义词来表示另一个相同的意义，一定有其内在的原因。

掌

掌本指主管、主持的意思。

例如：

①设守门，二人掌右阖，二人掌左阖。（《墨子·迎敌祠》）

②使掌公族大夫。（《国语·晋语》）

“掌”在客家话是看守的意思，如“掌屋”、“掌监”、“掌山”、“掌门”；又是放牧的意思，如“掌牛”、“掌羊”、“掌鸭”。意义有了变化发展，使用范围也扩大了。

睇

斜视，流盼→看（粤语，潮汕话）。

例如：

①升降出入揖游，不敢哕噫、咳嚏、欠伸、跛倚、睇视。(《礼·内则》)

②既含睇兮又宜笑，子慕予兮善窈窕。(屈原《山鬼》)

③陈楚之间，南楚之外曰睇。(扬雄《方言》)

④你睇远报在来生，近报在目前。(《粤讴·解心事》)

⑤须要自想，试睇睇吓阳关上。(《粤讴·对垂杨》)

按：第①例中的“睇视”是不合礼仪地看，在社交场合不宜，所以是“不敢”。“既含睇兮又宜笑”的“睇”是含情流盼，形容人的神态美。

在粤语和潮汕话中，“睇”就是看的动作，不含褒贬色彩，跟古义有了差别。

除了用“睇”表示看之外，潮汕话还说“食睇”、“食下睇”，就是“睇”的引申，跟“看”的引申一样，跟在动词后面，表示尝试的意思。这也可以说是类推的作用吧，既然共同语的“看”可以这样用，那么“睇”也很自然地可以这样用。

袋

“袋”一直作名词用，偶尔一见动词的用法，例如：

①有司尝进干姜，以布袋贮之，帝用为伤费，大加谴责。(《隋书·食货志》)

②当日挂了招儿，只见一个人走将进来。怎生打扮？但见：裹背系带头巾，着上两领皂衫，腰间系条丝绦，下面着一双干鞋净袜，袖里袋着一轴文字。(《警世通言》第十三卷)

客家话倒是常用作动词，如“小心滴，捉倒钱袋好，唔爱跌撇里”(小心点，把钱装好，不要掉了)。粤方言也有这种用法，如“袋住啲嘢，唔好掉着”(把东西装好，不要掉了)。

（二）方言的词义和构形会受到地方经济文化风俗的影响

词语的意义，有时会受到当时当地的风俗风气或是经济文化的影响而产生引申变化，沿用后带有明显的地方特色而逐渐成为方言词。同样的词或者语素，经过地方文化风俗的浸润，从词形看没什么不同，从指义看却有了言外之意，包含了“百里不同风，千里不同俗”带来的变化。

契弟

“契弟”是指结拜的弟弟。例如：

①下官姓杜名确，字君实，幼年与契弟张君瑞同窗。（明·崔时佩、李景云《西厢记·金兰判袂》）

②（薛蟠）因此也假来上学读书，不过是三日打鱼，两日晒网，白送些束脩礼物与贾代儒，却不曾有一些进益，只图结交些契弟。（《红楼梦》第九回）

第②例中用“契弟”称说薛蟠结交的玩伴，似乎就带点贬义，是指那些一起吃喝玩乐的损友罢了。

闽语、粤语的“契弟”后来却发展为同性恋的代名词，而后又演变为姘夫之义。“你这个契弟！”在粤语来说，是一句隐语般的骂人话。源起大概可追溯到明代福建海运的繁盛，闽人与中国台湾、日本、菲律宾等地的通航相当频繁。而根据传统的观念，女人是不允许上船的。这样，长期漂在海上做工的男人之间就发生了同性恋。沈德符的《万历野获编补遗》卷三中的“契兄弟”条，就是明人对此情况的记载。其实明清时期，广州的海运也已经很繁盛，同样有这样的风气也不足为奇。

据黄小娅说，看过一本民国八年（1919）版的《广州指南》，在介绍广州方言词语时有“龙阳君曰契弟”之句。龙阳君是战国时期魏国的男宠，后以“龙阳”指男色，旧时人们称以男色侍人者为“龙阳子弟”。按古人的解释，鸡奸即“将男作女也”。想来粤语中的“契弟”之义应辗转自闽语。因而发展到现在，两地的“契弟”都成为一个詈辞，是不能按照字面来解释的。所以，如黄小娅的《干弟弟为何不能叫“契弟”》[①] 所说，拜认亲戚广州话说

① 黄小娅：《干弟弟为何不能“叫”契弟》，载《羊城晚报》，2009年9月27日第B5版。

“契”，干爹称“契爷”、干妈称“契妈”，其他如“契仔”、“契女”、“契姐”、“契哥”、“契妹”等，但干弟弟不能叫“契弟”，而要说“契细佬”。

契哥

客家话里也有个跟闽语、粤语的“契弟”有相似之处、带有贬义的词，就是“契哥”，义为女子的相好或奸夫。两者的不同之处是“契弟”开始是从男性出发的称谓，“契哥”则是从女性出发的称谓。例如：

妇人谓其所私曰契哥。(《客方言·释亲属》)

“契哥”的源出也跟当地的民俗有关，客家地处山区穷乡僻壤，男人要养家要发达，必得要向外发展，明清以后逐渐成群结队到南洋一带去谋生赚钱。留下年轻妇女在家，于是有人就找“契哥”，传统的客家山歌有一些与“契哥”有关的内容；女人找情夫，俗话就说“狎契哥”。

栏

“栏”的原意为栏杆或养牲畜的圈。例如：

①“纂要”云：宫殿四面栏，纵者云槛，横者云楯也。(《史记·袁盎鼌错传·百金之子不骑衡·索隐》)

②至入人栏厩，取人牛马者，其不仁义，又甚攘人犬豕鸡豚。(《墨子·非攻上》)

广州话的“栏”的意义，由古代关牲畜的地方演变为指堆放物品做买卖的地方，或者说是专营市场。据黄佛颐（1886—1946）的《广州城坊志》记载，广州地名有“咸虾栏”、“果栏”、“菜栏”。他引清中叶广东著名文人谭莹的《乐志堂诗》卷一自注云，“广州凡食物所聚皆曰栏。果栏在竹栏门外，贩者买自栏中，名曰落栏。率以蒲葵叶作伞，市于其下。”谭莹的诗有：“竹栏门外果栏开，新向沙涌贩荔回。乘月落栏人买去，蒲葵伞下火千堆。”他又引陈澧的《学海堂集·南濠》诗自注云：“羊城呼市为栏，如竹栏、油栏、果栏之类。”因为生意兴旺，成行成市，久而久之就成为地名、路名，“广州含‘栏’的地名有杉木栏、桥栏、豆栏、蚬栏、糙米栏、浆栏路、西猪栏路、塘鱼栏路等”。[①]

壮语中的“栏”，却意指房屋，是居人之所，非粤语的居物之处。广州话的“栏”的意义和系列构词尤其是地名构词，明显地反映和记录了近代广东经济活动的兴旺发达。[②]

身

“娠谓之有身：《诗》：大任有身。《传》：身重也。《笺》：重谓怀孕也。《一切经音义》卷十九引《诗》作有娠，《月令注》有娠，《释文》有身，是身与娠通。今谓妇人怀孕为有身，其生产则曰轻。盖古以有身为重，自然以免身为轻，则亦古义也。”（《客方言·释言下》）例如：

大任有身，生此文王。（《诗·大雅·大明》）

潮汕话中有“伊阿老母过身去”（他母亲去世了）。

甲骨文的“身”正是大肚子的象形。后来说怀孕是有身，说生产是轻身，这是客家话的日常用语，也算是源自字形的本意。人去世了，生命离体，就用“过身”作避讳的用语，这在潮汕话、客家话里都这样用。

五、广东各方言之间词汇承传的异同及原因探讨[③]

其一，广州、客家和潮汕三地有共同的历史来源，都有先后迁移的经历，有共通的来自古汉语的方言词。不少在古籍中使用的单

---

① 裴重生：《羊城地名多壮语》，载《羊城晚报》，2010年6月14日第B5版。

② 裴重生：《羊城地名多壮语》，载《羊城晚报》，2010年6月14日第B5版；杨皑：《此“栏”非彼“栏”》，载《羊城晚报》，2010年6月21日第B5版。

③ 刘镇发：《香港客粤方言比较研究》，160～185页，广州，暨南大学出版社，2001。

音词虽然在近代文献不再流通或逐渐被双音词取代，但在三地方言中仍然常用，如“朝”、“昼”、“日”、“啜”、“行”、“歇”、“抵”等。粤方言、客家方言和潮汕方言共同的来自古汉语的单音节词，据统计有将近100个。

其二，因为地缘影响和历史原因，广州、客家和潮汕三地之间的古语词汇表现出不同程度的亲疏差异。

广州离潮汕地区较远，居民的历史来源不同，经过长时间各自不同的发展变化，共同保留的古语词不算多。客家地区和潮汕地区地缘相接，一直以来都有水路相通，相对有较多共同的古语词汇。

一些研究者认为，客粤有较密切的同源关系，不像是分开超过上千年的两种语言。据推算，粤方言和客方言在元朝初年才分开，距离现在不到700年。几百年间互相仇视，互不来往，近几十年关系才解冻。而从词汇来看，两方言有较多来自古汉语的共同的单音词，估计有将近300个。这种情况可证明两者的同源关系。一种方言所用的特定方言词不会太多，大概1 000个左右。当然每种方言的数量不尽相同。常用的词汇中还有很多与共同语相同的词，区别仅在于读音的不同。客家方言和粤方言在词汇方面有那么多共同之处，仅用巧合是解释不通的。

其三，粤语、客家话、潮汕话都有各自的独立性，表现在存古的词汇方面，也存在只有本方言才用的古语词。例如：

沃　糜　倮　鼎　解（潮汕话）

掌　侪　噍　阏（客家话）

执　拎　谂　畀（粤语）

六、《粤讴》的词语来源考察

“粤讴也很深奥，是夹着一些广东话的古典诗词”（阮章竞《漫忆咿呀学语时》）。

创始于清嘉庆末年的“粤讴”，因其具有鲜明通俗的地方特色，为粤地人民所喜爱。今天，展阅其代表作品《粤讴》，分析其中词语的特点，方言口语俯拾皆是，颇具地方性、通俗性；引用化用古典诗词、古代文献，注入古雅、清丽之风；佛教词语俗语入歌，与讴歌主旨融为一体；喻体极多；等等。这些共同汇集成《粤讴》的语言，就是雅俗古今中外融为一炉，造成了新的语境，又带着南国的风情，读来别具一格。

其一，方言口语俯拾皆是，颇具地方性、通俗性。

例如：

①你睇远报在来生，近报在目前。(《粤讴·解心事之一》)

②若系解到唔解得通，就讲过阴骘个便。(《粤讴·解心事之一》)

③心事恶解，都要解到佢分明。(《粤讴·解心事之二》)

④世间难搵一条心。得你一条心事，我死亦要追寻。(《粤讴·拣心》)

⑤试到果实真情，正好共佢酌斟。(《粤讴·拣心》)

⑥个的真情撒散，重惨过大海捞针。(《粤讴·拣心》)

“你睇”、“若系”、“难搵”、“重惨过”、“阴骘”等，都属市井闲聊口语，作者以此类语词入歌，为市民大众所接受。

还有许多带有地方特色的词语，如量词：心事是一“条”，气是一“啖”；指示代词：“咁（这样）”；记音词：“个便（那边）”、“过个（那个）”；人称代词：“佢”；介词：“共”。例如：

①今日无力春风，唔共你争得啖气。(《粤讴·吊秋喜》)

②有咁多风流，就要受咁多折磨。(《粤讴·烟花地》)

③点得鸟呀你替我讲句真言，言过个薄幸。(《粤讴·听春莺》)

④天呀！我想你呢会（这个时候）生人总总冇别离。(《粤讴·诉恨》)

⑤个阵（那时候）你纵然把我亏负，我都誓愿唔声。(《粤讴·薄命多情》)

⑥索性共你分离，免得耐耐又试惨凄。(《粤讴·留客》)

⑦相逢有咁耐咯，恼过亦有咁多番。共你恼过正好番，个“情”字都带淡。(《粤讴·义女情男》)

⑧你唔带得奴，你便早日话过妹知。(《粤讴·奴等你》)

清时乃至今天，粤语中的方言口语，追寻起来往往可以跟古语词有联系。如“奴”，正是唐、五代以后的第一人称代词，到宋时用作妇女的谦称；在《粤讴·奴等你》这首歌里，仍是沿用作青楼女子的谦称。

其二，引用化用古典诗词、古代文献，注入古雅、清丽之风。例如：

①温柔乡里，总要自出奇兵。(《粤讴·解心事之二》)

②长迷花柳，就会堕落愁城。(《粤讴·解心事之二》)

③你睇杨妃玉骨埋山径，昭君留墓草青青。沦落小青愁吊影，十娘饮恨，一水盈盈。(《粤讴·嗟怨薄命之一》)

“长迷花柳，就会堕落愁城”句汇合了李白的《流夜郎赠辛判官》“昔在长安醉花柳，五侯七贵同杯酒”句和范成大的《次韵子永雪后见赠》“想得秫田来岁好，瓦盆加酿灌愁城”句，用其词非用其句意，表达作者劝人不要情陷花柳场中，以致生出无穷烦恼的意思。“你睇杨妃玉骨埋山径，昭君留墓草青青。沦落小青愁吊影，十娘饮恨，一水盈盈”短短两句，用典在书中颇具代表性，其包含了唐代杨贵妃、汉代王昭君、明代冯小青、明代杜十娘四个典故，用来形象地说明“红颜多半是薄命”，“青楼花粉更累在痴情”。这些古典诗词、典故的化用突破了市井说唱文学因俚语方音而显低俗的局限，注入了遣词造句的明丽典雅之风。这种引用和化用，在全书的每一首中都有，有的唱词更达到句句不离。

其三，佛教用语俗语入歌，与讴歌主旨融为一体。

佛教用语在歌词中比比皆是，与《粤讴》主旨“请以此一卷书普度世间一切沉迷欲海者”是相一致的。佛教讲前因后果因果报应，警醒世人要为自己的行为负责。例如：

①远报在来生，近报在目前。(《粤讴·解心事之一》)

②苦海芒芒，多半是命蹇。(《粤讴·解心事之一》)

③悟破色空，方正是乐境。(《粤讴·解心事之二》)

④唔好死得咁易，死要死得心甜。恐怕死错番来，你话点死得

遍添？有的应死佢又偷生，真正生不顾面。(《粤讴·唔好死》)

其四，喻体极多。

《粤讴》吸收了历代诗歌尤其是民歌的特点，通过比喻，使情感生动形象，同时具有古典民歌风格。例如：

①开口就话我系败柳残花，有乜正果归。(《粤讴·思想起》)

②呢喃相对，细语花前。(《粤讴·离筵》)

③嗟怨薄命，对住梧桐，飘零一叶怨秋风。(《粤讴·嗟怨薄命之四》)

④愁怀写不尽，好似未断荷丝。(《粤讴·难忍泪》)

⑤嫩绿新枝情万种，曾经疏雨分外唔同。(《粤讴·嗟怨薄命之四》)

双关语也很多，如上所举的最后两例，其中“荷丝”，既是比喻，又是双关。这是六朝民歌的特点，恰当地运用双关语，丰富了歌词的内容和感情的表达。

第五章 语　　法

从词法和句法两方面来看，很多因素都是跟古代汉语相同或相通的，保留或有变化地出现在方言中。不过语法形式的不同并不妨碍交流和沟通，而语音和词汇的不同往往带来的是沟通上的不便。所以说，语法的不同是较少的，本章仅以举例来看语法中的词缀、助词、语气词、量词、代词、介词、副词以及句法中的被动句和处置句的表达方式，并分析其源流和差别。

一、词缀

（一）词尾

各方言的词尾基本上维持了上古汉语的情况，很少或完全不用“儿”和“子”。例如：

刀子　剪子　钳子　稻子（现代汉语）
刀　　铰剪　铁钳　禾（粤语）

粤语的“子”只有“筷子”，不用词尾“儿”，但也有一些特殊的词尾，如“歌仔”、“烟仔”、“泥水佬”、“耕田佬”，古代文献中也存在。

老

“老”原意是指年纪大。其引申为对年纪大的人的尊称，而后虚化为词头。例如：

①从公乞一弟以养老母。（《世说新语·德行》）
②老父在太丘。（《世说新语·政事》）

又如，“伊阿老母过身去”（潮汕话），“我老豆去着茶楼饮茶”（粤语），其中的“老豆”、“老母”，跟《世说新语》的用法一样，应该是背后的尊称。广州一些人因家庭关系较和谐的缘故吧，倒是常当面称“老豆”的。“老弟老妹”（客家话）就是“弟弟妹妹”之意，而且人前背后都是这样称说的。“老”对老的是敬称，那么对小的就是爱称了。

里

客家话中，“里”（或作“哩”）或“欸”，是不同地方的同一词尾变体，有时是因为语流音变引起的，比如，兴宁话说碗里筷里，梅县话说碗欸筷欸。这个词尾，跟现代汉语的“子”相当，是较斯文的说法；更通俗一些的，还经常说“碗公箸只”。

头

“头”是名词词尾，在中古就已经用得很丰富。例如：

①园头栽菜次，师曰：“栽即不障，汝栽莫教根生。”（《五灯会元》卷五）

②歇处何妨更歇些，宿头未到日头斜。（杨万里《山村》）

潮汕话有“暗头”、“看头”、“食头”、“火头”（动词、形容词加“头”变作名词）的说法。客家话有“日头”、“上昼头”、“下昼头”、“暗晡头”的说法。

又如，潮汕俗语“三年饥荒饿不死火头”。[①]

（二）前缀

阿

前缀“阿”在疑问代词前。中古时，有“阿你”，也构成“阿谁”、“阿那”、“阿那个”表示询问。[②]

例如：

①向汝道，尽乾坤是个解脱门，总不肯入，但知在里许乱走，逢

---

① 唐宏林：《浅析澄海方言中的古语词及其训诂意义》，华南师范大学中文系2004届本科毕业论文。

② 张美兰：《〈祖堂集〉语法研究》，125页，北京，商务印书馆，2003。

著人便问“阿那个是我?”还著么?只是自受屈。(《祖堂集》卷七)

②亦入城来人总喜,问太子如今在阿那边?(《敦煌变文集》)

③师曰:“阿那个山敢住?”对曰:“阿那个山不敢住?”(《祖堂集》卷六)

④僧曰:“阿那个是轻?阿那个重?”师云:“大肯是重,大舍是轻。”(《祖堂集》卷八)

⑤昨夜西院内,阿那个家人念经之声?(《祖堂集》卷五)

⑥师云:“阿谁教你不会?”(《祖堂集》卷十一)

⑦师云:“阿那是维摩祖父?”对云:“则某甲便是。”(《祖堂集》卷二十)

闽南话包括潮汕话在许多疑问代词前都可加上“阿”,潮汕话还会在呼叫人的名字前加上“阿”。例如,在泉州话中的说法有:[1]

①阿什么侬去恰好势?(什么人去合适)

②阿底时卜行?(什么时候走)

③阿若久则会来?(多久才会来)

生

潮汕话也在疑问代词后加“生”,如“只样生”、“许样生”。“生”在唐宋间常作为“怎”的后缀。例如:

①有人举问洞山:“云岩与么道作么生?”洞山云:“在途也。”有人举问云居:“洞山与么道,意作么生?”居云:“说似也。”有人举问疎山:“支居与么道,意作么生?”疎山云:“一棒打杀龙蛇。”(《祖堂集》卷五)

②师曰:“怎生滋味?”(《五灯会元》卷六)

③不知甚生道安,讲赞得尔许多能解。(《变文集》卷二)

④不知道安是何似生,感得听众如云,施利如雨。(《变文集》卷二)

---

① 张美兰:《〈祖堂集〉语法研究》,北京,商务印书馆,2003。

二、助词

(一) 时态助词

粤方言：咗（完成），紧（进行）。

客方言：撇（完成），等（进行）。

粤语书面将“着”写作“咗”，是记音字，从“音韵面貌看，似从‘着’变来”，如“佢食咗饭勒”，[①] 意为他吃过饭了。粤语用“咗”表示行为完成，正是继承古人“着”的用法。

“着”和“了”作为时态助词的用法，开始于唐宋时。例如：

①各请万寿暂起去，见了师兄便入来。(《变文集》卷四)

②如此春来春又去，白了人头。(欧阳修《浪淘沙·今日北池游》)

③余时把着手子，忍心不得。(《唐人小说·游仙窟》)

④见一顶轿儿，两个人抬着。(《京本通俗小说·碾玉观音》)

王力在《汉语史稿》里指出，直到元代，“了”和“着”的分工还是不够明确的。有时候，“着”字表示行为的完成，等于现代汉语里的“了”。有时候，“了”字又表示行为的持续，等于现代汉语里的“着”字。就是有混用的现象，下面是他举的一些例子：[②]

①杨志因等候我了，犯着这罪。(《宣和遗事》元集)

②若不实说，我便杀着你。(《三国志平话》卷中)

③太后指了天曰：“您从吾儿求做天子，何得谎说？”(《五代史平话·晋史》)

王力先生在他的另一部著作《汉语语法史》中也列举了许多

---

① 邢公畹：《现代汉语和台语里的助词“了”和“着”》，转引自《语言论集》，231～232页，北京，商务印书馆，1983。

② 王力：《王力文集·第九卷·汉语史稿》，406页，济南，山东教育出版社，1988。

例子来说明“着”、“了”混用，主要是“着”用同“了”；最后一例，是“着”、“了”同时连用。古书像这样同义词连用是常见的：①

①韩信去曹家托生，做着个曹操。(《五代史平话·梁史》)

②明日写着榜子，做着一首诗，去见那朱五经。(《五代史平话·梁史》)

③但引水来，开着那深濠，为固守计。(《五代史平话·梁史》)

④命工匠造着浮桥，夤夜济师。(《五代史平话·梁史》)

⑤朱全忠一日会着那葛从周……做着个太平筵会。(《五代史平话·梁史》)

⑥吃那朱友裕张着那弓，放着那箭，箭到处，射倒在地。(《五代史平话·梁史》)

⑦那单可及素号骁勇，心里欺负着李思安兵少，却被李思安将兵马藏伏在四处了，写着了书来单可及军前索战。(《五代史平话·梁史》)

潘维贵、杨天戈也指出，“了”表示动作的持续而不表示完毕，这样的例子古书有不少：

①捧了公牒。(话本《冯玉梅团圆》)

②挑了担儿。(话本《合同文字记》)

③驮了钱一径出门。(话本《错斩崔宁》)

④背了万秀娘……走了一夜。(话本《山亭儿》)

⑤我如今带了许多狼仆，抢亲去也。(元曲《秋胡戏妻》第四折)

⑥我若为了官呵，你就是夫人县君也！(元曲《倩女离魂》第一折)

“捧了”、“挑了”、“驮了”、“背了”、“带了”、“为了”都表示动作持续而不是结束，其中“了”的意义就是现代汉语中“着”

---

① 王力：《汉语语法史》，98页，北京，商务印书馆，1989。

的意义。这样用“了”而不表示完毕，“在唐五代时期还未出现，在宋元时期却是极为普遍的现象”。[①]

其实明代《三言两拍》中仍对“着”、“了”分工不明。下面几个都是“着”（著）为“了”义的例子：

①南泉云：“智不到处不得说著，说著则头角生也。”有人举问师：“古人与么道，意作么生?”师曰：“兄弟也莫说，说著这个事，损著说底人。”（《祖堂集》卷五）

②这学中共有十来个孩子，止他两个教着便会。（《醒世恒言》第二十卷）

③周三忽然害着病，起床不得。（《喻世明言》第二十卷）

王力先生认为，只是“到了明代以后，特别是 17 世纪（《红楼梦》）时代以后，‘了’和‘着’才有明确的分工”。在此之前的“着”表示完成的用法，就由广州话沿用下来，字形也换成了记音字“咗”。例如：

①我做咗一日功课。（我做了一天功课）

②老婆出咗街。（老婆上街了）

③饭煮熟咗未?（饭煮熟了吗）

④准备咗几个月，于是乎考中咗大学。（准备了几个月，于是考上了大学）

⑤我今次考试考衰咗，好痛心啊。（我这次考试考差了，很伤心）

⑥我唔见咗一百蚊，心痛死我了。（我不见了一百元，很心痛）

撇

“撇”在古代是动词，表示撇开或抛弃。后来可跟在动词后，表示完成或变化，虚化为时态助词，元代已见用例。例如：

---

① 潘维贵、杨天戈：《宋元时期“了”字的用法，兼谈“了”字的虚化过程》，转引自《语言论集》第二辑，71 页，北京，中国人民大学出版社，1984。

①怎撇下，这两字相思，万里虚名。（宋·陈德武《沁园春·舟中夜雨》）

②你有祸根有祸苗，你抛撇了这丑妇家中宝。（元·秦简夫《东堂老》）

③只见车马往来，人如聚蚁，周得在人丛丢撇了两个弟兄。（《古今小说》卷三十八）

客家方言的“撇”，表示完成，继承了完成时态的用法，如“食撇欸”（吃完了）、“做撇欸”（做完了）、“烂撇欸”（烂掉了）。[①]

（二）语气助词

去

“去”是语气助词。例如：

①这阿师，他后子孙噤却天下人口去。（《祖堂集》卷四）

②尽是一队吃酒糟汉，与摩行脚，笑杀人去。（《祖堂集》卷十六）

③尼僧问：“如何得为僧去?”（《祖堂集》卷五）

“去”大致存在于中唐至元一段时间，后来被“了”代替。潮汕话有这种用法：“张眠床互小杨睏去”（这张床给小杨睡了）。

（三）句末助词

来

“来”是句末助词，用在动词后，表示曾经发生过什么事情。例如：

①师问僧：“何去来?”对云：“添香云来。”（《祖堂集》卷五）

②师问僧：“什么处去来?”对曰：“山下去来。”（《祖堂集》卷八）

③黄生大惊道：“你在哪里相会来?”（《醒世恒言》第三十二卷）

① 温美姬：《从客家方言古语词看〈汉语大字典〉和〈汉语大词典〉之疏漏》，载《嘉应学院学报》，2009（2）。

④明日，阎待诏到妹子阎越英家，说道："我昨日见一个人来，今日特地和你说……"（《喻世明言》第十五卷）

粤方言、客家方言和潮汕话都可以这样表达："去哪里来？去上海世博会来。"

"来"也放在动词前，表示将要做某事。由动词虚化而来。例如：

①迎风暗摇动，引鸟潜来去。（白居易《有木诗八首》）

②浮生同过客，前后递来去。（白居易《重到渭上旧居》）

③为向两州邮吏道，莫辞来去递诗筒。（白居易《醉封诗筒寄微云》）

汉乐府民歌《陌上桑》有"来归相怒怨，但坐观罗敷"，其中的"来"，就似有凑足音节、虚化的味道，"来归"其意在"归"。上面前两例的"来去"，还可理解为来来去去；"莫辞来去递诗筒"中的"来"就有虚化的意思了，可理解为要去递诗筒。

客家话说的"偃来去学堂下"、"偃来去北京"都表示将要去的意思。潮汕话也有这种用法，如"我们来去食饭"。一般都是第一人称单数或复数，表示意愿。

"来"在动词前表示将要，在动词后表示曾经，从语义上互相补充，也是语法形式从一个词的使用反映的类推或配套作用，反映了语言发展的一般规律。

（四）结构助词

个

结构助词"个"，表领属，相当于今天普通话的"的"。

1. 在名词之间

例如：

①西门庆那厮，如今在那里。我个嫂子被他娶了多少日子。一一说来，我便罢休。（《金瓶梅》第九回）

②五丫头你好人儿，今日是你个驴马畜，把客人丢在这里。（《金瓶梅》第十四回）

③但有风吹草动，拿我个帖送与周大人。（《金瓶梅》第十四回）

④书童道，人家个爱物儿你就要。(《金瓶梅》第三十一回)

⑤须拿老爷个帖儿，下到县官才好。(《金瓶梅》第八十八回)

2. 副词或形容词＋"个"＋动词或名词

例如：

①真个无心道，不是小人宗。(《汾阳无德禅师语录》)

②说禅被禅缠，不说却成现，若真个不说，真个好方便。(《法演禅师语录》)

③脱却贴体衫，挑出眼中屑，洒洒个衲僧，狐疑永消灭。(《广灯录·延庆山子荣禅师》)

④好个一镬羹，不净物污著作什摩？(《祖堂集》卷六)

据冯春田考证，结构助词"个"源于代词"个"。作为代词"个"的例如：

①个是谁家子，为人大被憎。(《全唐诗·寒山诗》)

②个是何措大，时来省南院。(《全唐诗·寒山诗》)

③饱食腹膨脝，个是痴顽物。(《全唐诗·寒山诗》)

④可怜个丈夫。(《祖堂集》卷十五)

⑤欲识个中意，一老一不老。(《瑞州洞山良价禅师语录》)

⑥劳劳去复来，个是知音者。(《杨岐方会和尚语录》)

⑦梦到海中山，入个白云宅。(贯休《梦游仙四首》)

⑧个里游人肠自断，由来不是此声悲。(刘禹锡《竹枝》)

代词的"个"又来源于何处？我们认为，可能是从量词逐渐演变而来，当量词前表示单数或定指时，这个单数或定指词在口语或一定的语言环境中可以省略，就像上面的例子"个"，还可以感到量词的痕迹。

个（箇，個）原来是竹的量词。[①] 例如：

---

① 王力：《王力文集·第九卷·汉语史稿》，303页，济南，山东教育出版社，1988。

①木千章，竹竿万个。(《史记·货殖列传》)

②或以竹一个植舍外。(《新唐书·西域传》)

到了唐代，“个”的使用范围扩大了很多。竹一个（箇）演变为一个（個）人。例如：

①橘怀三个去，桂折一枝将。(岑参《送滕元擢第归苏州拜亲》)

②两个黄鹂鸣翠柳。(杜甫《绝句四首》之三)

③砧响家家发，樵声个个同。(杜甫《秋野五首》之四)

读者不妨比较和体会下面的例子：

①不识个中意，逐境乱纷纷。(《寒山诗集五》)

②不省这个意，修行徒苦辛。(《拾得全集》)

③尺素能相报，湖山若个忧。(刘长卿《送姚八之句容旧任，便归江南》)

④长安客舍热如煮，无个茗糜难御暑。(王维《赠吴官》)

⑤香车宝马共喧阗，个里多情侠少年。(王维《同比部杨员外十五夜游》)

⑥若个游人不竞攀，若个倡家不来折。(卢照邻《行路难》)

⑦个树枝条朽，三花五面啼。(辅国将军《为刘洪作》)

⑧梦到海中山，入个白云宅。(贯休《梦游仙四首》)

⑨伤嗟个辈亦是人，一生将此关身己。(贯休《村行遇猎》)

⑩莫倚倾国貌，嫁取个，有情郎。彼此当年少，莫负好时光。(李隆基《好时光》)

⑪说那梦熊，真个聪明独步（的），伶俐过人，年纪才得七八岁，即便满腹文章，开口成句，总之资质好了，有书无个不读，读的无个不记。(明·伏雌教主《醋葫芦》)

上面句子中的“个”，有的可以确定，有的确实犯思量，它摇摆在代词和量词之间，正好说明了两者之间的关系。

由量词→代词→结构助词的“个”，后来保留在一些南方方言中，表示领属，表示修饰关系。这种情况在吴方言、广东的方言中都有。例如：

以前同妹好似仙，
袋里冇个烂沙钱，（“个”为量词）
自从同妹冇个事，（“个”为代词）
买斤火盐使花边。（《梅州风采·民间歌谣》）

我个荷包跌撇哩。（“个”为结构助词。句子为客家话）

共你恼过正好番，个“情”字都带淡。（“个”为代词）（《粤讴·义女情男》）

里

结构助词“里”联系状语和谓语，相当于今天普通话的“地”。例如：

①白白里作成了别人。（《古今小说》第十卷）

②粗粗里记得几篇烂时文。（《警世通言》第十八卷）

③足足里病了一个多月。（《醒世恒言》第二十九卷）

④倘若强人知道，只好白白里送与他，做压寨夫人，还要贴他个利市。（《警世通言》第二十三卷）

⑤待我慢慢里问他。（《水浒后传》第二十九回）

语气词“里”，例如：

①这浅情薄幸，千山万水，也须来里。（宋·张先《八宝妆》）

②你更看，蛾眉下秋水，似赛九底，见他三五二，正闷里，也须欢喜。（宋·张先《雨中花令》）

③佛向经中说著里，依文例请唱将来。（《变文集》）

④此道理平铺地放著里，何必如此。（《二程集》）

客家话的“里”（欸），有以下用法：

一是作结构助词，如“慢慢里来”、“快快里做”、“远远里看到”。

二是作为词尾。

三是作语气词，如“讲等里”、“做等里”、“食等里”、“放等里”、“做撇里”、“食撇里”等。

四是作时态助词，如“你同渠讲里介件事无？讲里了”（“讲［ŋe］了”，或写作“欸”。因“讲”的舌根韵尾引起“里”的声母变化）。

三、语气词

唐人诗句用“无”，偶用“未”表示疑问语气，例如：

①江花未落还成都，肯访浣花老翁无？（杜甫《入奏行，赠西山检察使窦侍御》）

②幕下郎官安隐无？从来不奉一行书。（杜甫《投简梓州幕府兼简韦十郎官》）

③但恐抵忌讳，未知肯听无？（元结《别何员外》）

④休文欲咏心应破，道子虽来画得无？（元稹《再酬复言》）

⑤晚来天欲雪，能饮一杯无？（白居易《问刘十九》）

⑥不知疏野性，解爱凤池无？（白居易《答裴相公乞鹤》）

⑦来日绮窗前，寒梅著花未？（王维《杂诗》）

粤语、客家话都是用“无”（冇）作为句末疑问语气词，并保留双唇音。如客家话：

①你吃欸饭无？（你吃饭了吗）

②放假你转欸屋家无？（放假你回家了吗）

粤方言有时写作“没”，例如：

①得咗没？（行了吗）

②你食咗饭没？（你吃饭了吗）

中古的反复问“也无”，在《祖堂集》中较多见，例如：

①问：“三乘十二分教，还有祖师意也无？”师曰：“有。”（《祖堂集》卷八）

②问：“眉与目还相识也无？”师云：“不相识。”（《祖堂集》

卷八）

③师云："牛还吃也无?" 僧无对。(《祖堂集》卷八）

④师问尼众曰："汝阿爷还在也无?" 对曰："在。" 师曰："年多少?" 对曰："年八十。" 师曰："有个爷，年非八十，汝还知也无?"(《祖堂集》卷五）

⑤独坐无寐，我往视新妇来也未?（《聊斋·菱角》）

闽南话里较完整地保留了"也无"这种句式。潮汕话"阿无"把这种用法继承下来了，例如：

①汝有读册阿无?（你有没有读书）

②汝爱去阿无?（你要去吗）

③汝有睇电影阿无?（你看电影了吗）

④糜煮有烂阿无?（粥煮烂了吗）

⑤作业做好阿无?（作业做完了吗）

四、量词（单位词）

（一）数量词

度量衡单位，尺寸升斗斤两，一般语言都具备。天然单位，如"个"、"只"、"枚"、"匹"、"颗"、"次"、"回"等，是东方语言特别是汉藏语言特有的。

只（隻）

隻，《说文》："鸟一枚也。" 普通名词。作量词开始时也只指鸟类。[1] 例如：

①常于家豫炙鸡一只。(《后汉书·徐穉传》注）

②数只珍禽寒月在，千株古木热时稀。（黄滔《商山赠隐者》）

"只"的用法扩大到兽类和无生之物。例如：

---

① 王力：《王力文集·第九卷·汉语史稿》，309 页，济南，山东教育出版社，1988。

①载玉万只。(《穆天子传》卷二)

②一只短舫艇，一张斑鹿皮。(白居易《秋池独泛》)

③看见一只犬打香卓根前过来。(《元曲·杀狗劝夫》第四折)

在客家话里，“鸟一只”发展为“一只人”。“只”的意义扩大到指人的量，如“一只人”、“十只人”、“几千只人”。又如，“欸只细妹欸十分爱靓，新衫一直着等唔肯换”(这个小女孩很爱漂亮，新衣服一直穿着不肯换)。这跟“竹一个(箇)”发展为“一个(個)人”是一样的道理。

名词前单独使用量词，省略数词“一”，这种用法中古已常见，例如[①]：

①师曰：“你他时异日，有把茅盖头，人或问你，作么生祇对?”(《五灯会元》卷十六)

②觅得片衣口食。(《祖堂集》卷六)

③把菜粒米，怎么生消得?(《五灯会元》卷十五)

④婆婆道：“老拙无个男只女，在百厮求院子里住……”(《清平山堂话本·花灯轿莲女成佛记》)

上面例子中的“把茅”、“片衣口食”、“把菜粒米”、“个男只女”，这种结构说法简练，有表示少的意味。在方言中也常见这种用法，比如潮汕话的“千元”、“角半”(一角五分)；粤方言的“只鸡”、“支笔”、“本书”、“朵花”；客家话的“斤半”、“块半”(一元五角)、“角半”；等等。潮汕话和客家话针对的是非整体性的事物；而粤方言针对的是整体性的事物或有生物，范围较广，可以类推。

有时数词的省略好像是有定的，例如：[②]

---

① 袁宾：《近代汉语概论》，“数量词”，上海，上海教育出版社，2000。

② 麦耘：《广州话以“佢”复指受事者的句式》，转引自詹伯慧主编，《第八届国际粤方言研讨会论文集》，516页，北京，中国社会科学出版社，2003。

①将条颈链卖着佢，唔系有钱啰。（把那条项链卖了，不就有钱了吗）

②支竹都系绑实的佢好。（那根竹子还是绑紧点儿好）

③盆水倒着佢，好唔好？（把那盆水倒掉，好吗）

数词“一”省略后，量词加名词出现在句子中时，量词就有向代词转化的意味，所以这种形式传达出所指事物是有定的。这有点像“助词”部分谈到的“个”由量词到代词的变化，不过这些量词不像“个”的用途那么广泛，其定指也没有普遍的可能。

（二）动量词

转

“转”表示返回，引申用作表动量。例如：

①钟起素信廖生之术，便改口教人：“好好请来相见。”婆留只得转来。（《喻世明言》第二十一卷）

②每日上山三五转。（《祖堂集》卷十八）

③雪峰一日唬曰：“……何妨看一转乎？”（《祖堂集》卷十）

④罗山遂把住于师云：“却来一转。”（《祖堂集》卷十二）

⑤遂礼谢起，峰云：“更问我一转可不好？”对云：“就和尚请一转问头。”（《祖堂集》卷十）

客家话、潮汕话的“转”（次）是动量词，也有“返回”的动词用法。例如：

①番背系有水客转，搭银搭信报平安。（客家山歌）

②积少成多会成就，雇条大船载转来。（客家山歌）

③你好转屋家了。（你应该回家了）

④去欸三转了，都无见倒佢。（去了三次了，都没有见到他）

啖

“啖”用作动词，引申作为动量词。例如：

①饭粒脱落盘席间，辄拾以啖之。（《世说新语·德行》）

②江宁姚子笃，母以烧死，终身不忍啖炙。（《颜氏家训·风操》）

③将炙啖朱亥，持觞劝侯嬴。(李白《侠客行》)

④今日无力春风，唔共你争得啖气。(《粤讴·吊秋喜》)

“唔共你争得啖气”，意为不能替你争一口气，“啖”为动量词。在粤方言中“啖”已用作纯粹的动量词，如常说的“惜一啖”（亲一口）、“吃一啖”（吃一口）、“食多几啖啦”（多吃几口啦）。

摆（次）

例如客家方言有：

松树倒了头还在，妹子去了会回来，一年来得三五摆，阿哥心头花花开。(客家山歌)

过

“过”是动量词。魏晋南北朝盛行，隋唐以后，逐渐少了，代之以“回”。例如：

①温太真位未高时，屡与扬州、淮中估客樗蒱，与辄不竞。尝一过大输物。(《世说新语·任诞》)

②希白题罢，朗吟数过，忽有清风袭人，异香拂面。(《警世通言》第十卷)

潮汕话仍有保留，如“本书我看了三过”（这本书我看了三遍）；客家话也常用，如“衫荡里三过了”（衣服过了三次水了）。

五、代词

（一）人称代词

伊

“伊”，起源于四五世纪，唐代继续使用。例如：

①伊必能克蜀。(《世说新语·识鉴》)

②勿学汝兄，汝兄自不如伊。(《世说新语·品藻》)

③自杀伊家人，何预卿事？(《世说新语·汰侈》)

渠

“渠”由指示代词“其”发展而来。始见于《三国志》。例如：

①女婿昨来，必是渠所窃。（《三国志·吴志赵达传》）

②今朝忽见渠姿首，不觉殷勤着心口。（唐·《游仙窟》）

③聊将代左腕，长夜枕渠头。（唐·《游仙窟》）

“伊”、“渠”在六朝、唐代时常用。到了宋代，起源于唐代、从上古的无定代词发展而来的“他”在口语中更普遍使用，这两个词就少见了。但是，它们在方言中留下来了，潮州话用“伊”；粤方言和客家话用“渠”（现常写作“佢”），仍保留上古的舌根音，读时有送气和不送气之分：广州话读送气音，客家话读不送气音。

“奴”，是唐五代时男女尊卑均可使用的自称。敦煌变文中，男女尊卑都自称为奴。宋末杨太妃执政，仍自称为奴，如“杨太妃垂帘与群臣语，犹自称奴”（《宋史·陆秀夫传》）。宋代后“奴”则为女子专用的自称。例如：[1]

①太上皇召肃宗谓曰：“就中张垍更与贼毁阿奴家事，犬彘之不若也，其罪无赦。”（《太平广记》卷七十七）

②初见捕去，与奴对事。（《太平广记》卷一〇〇）

③远指白云呼且住，听奴一曲别乡关。（《王昭君变文》）

④阿奴身年十五春，恰似芙蓉出水宾。（《破魔变文》）

“阿奴”又发展为对称之词，为尊长指称卑幼。在《世说新语》里，有多种用法。例如：

①王敬豫有美形，问讯王公。王公抚其肩曰：“阿奴恨才不称。”（《世说新语·容止》）

②周仲智饮酒醉，瞋目还，面谓伯仁曰：“君才不如弟而横得重名。”须臾，举蜡烛火掷伯仁，伯仁笑曰：“阿奴火攻，固出下策耳！”（《世说新语·雅量》）

③周嵩起，长跪而泣曰：“不如阿母言。伯仁为人志大而才

---

① 吕叔湘：《近代汉语指代词》，14页，上海，学术出版社，1985。

短，名重而识暗，好乘人之弊，此非自全之道。嵩性狼抗，亦不容于世。唯阿奴碌碌，当在阿母目下尔。”（《世说新语·识鉴》）

④（齐武帝）临崩，执帝手曰：“阿奴，若忆翁，当好作！”（《南史·齐本纪》下）

⑤帝谓皇后为阿奴，曰：“阿奴暂去。”（《南史·郁林王何妃传》）

⑥生下个女孩儿来……夫妻二人好不喜欢，取名叫做庆奴。（《警世通言》第二十卷）

在潮汕话里，称儿子为“阿奴”、小孩子为“奴囝”。例如：

①伊是我个阿奴。

②这个奴囝生来真翘楚。

③奴啊，来食糜了。

“你唔带得奴，你便早日话过妹知”（《粤讴·奴等你》），这句话中的“奴”是自称，只是限于粤语歌的古语遗留，并非日常用语。

“奴”字的本意是奴隶、罪人，被掠卖剥夺人身自由，地位低下。如《史记·季布传》：“布为人所略卖，为奴于燕。”“奴”又用作对人的鄙称，如《晋书·刘曜载记》：“叛逆胡奴！要当生缚此奴，然后斩刘贡！”因而引申为自称，因为古代自称往往是谦称、贱称，从今天来看，是用不好的字眼。作对称时，也由字的本义引申为对辈分低或地位低的人。古代的礼貌式，自称称名，对称称字，更倾向于把“奴”看作名词而不是人称代词（称名的习惯从元代起渐渐衰退。另有一种自称姓名的习惯不是为了礼貌，而是有点自尊自大。《世说新语》已有）。潮汕话正是保留了“奴”的名词的用法，用作对称辈分低的人。

古人在交际中通常不称“你”、“我”，除非彼此是深交，或者是对小辈。例如古书中的一些相关记载：

①贾魏公为相日，有方士姓许，对人未尝称名，无贵贱皆称“我”，时人谓之“许我”。（宋·沈括《梦溪笔谈》）

②（游雅）尝众辱奇，或“尔、汝”之，或指为小人。（《魏

书·陈奇传》)

③弋仲性狷且俗，无尊卑皆“汝”之。(《晋书·姚弋仲传》)

④忘形到“尔汝”，痛饮真吾师。(杜甫《赠郑虔醉时歌》)

⑤祢衡有逸才，与孔融为“尔汝”交，时衡年二十余，融年已五十。(《世说新语》注引文士传)

⑥石参政中立在中书时，盛文肃度禁林当直，撰张文节公知白神碑，进御罢，呈中书。石急问：“是谁撰?”盛卒对曰：“度撰。”对讫方悟，满堂大笑。(《湘山野录》)

以上有关正、反两方面的例子都说明自称称名，对称称字是古时礼貌。

“子”也是名词，后为敬称，跟“奴”是名词成为谦称有相似性。

(二) 复数表示法

侪

上古有“侪”，是同辈、同类的意思。例如：

①先王之喜怒皆得其侪焉。(《礼记·乐记》)

②吾侪小人，食而听事犹惧不给命。(《左传·襄公三十年》)

侪，《唐韵》：“士皆切。”《集韵》、《韵会》：“床皆切，音柴，等辈也。”

客家话有这种用法，并且扩大了它的使用范围，在口语中，可以跟代词、数词、形容词、动词组合，作用相当于代词“者”，表示“……的人”，但只指人，不指事物，如“大齐侪”、“齐侪”、“一侪”、“两侪”、“佢三侪”、“大侪”、“肥侪”、“看侪”、“食侪”、“有钱侪”、“耕田侪”。①

汉代以后，有“属”、“曹”、“等”、“辈”，在《史记》、《汉书》、《世说新语》、《晋书》中都出现：“我属”、“我曹”、“公

① 侯精一：《现代汉语方言概论》，165页，上海，上海教育出版社，2002。

等”、“我辈”、“若属”、“汝曹”、“彼等”。保留有一定的实义，也可以说此属此辈，不是专用。没有虚化为词尾。成语有：“曹辈”、“等辈”、“侪辈”、“曹属”，等等。

在考察“诸人”的音义和演变过程中，上溯《世说新语》，下至相类同的佛经典籍，我们认为，客家话表示人称复数的“兜人”，来自中古的“诸人”。“诸”表示数量多，跟“人”组合成固定结构“诸人”，逐渐凝固为表示人称复数的词尾，附着在代词后。客家话继承和发展了这种用法，并受语言类推机制的推动，完整地形成表示三身代词人称复数的形式。粤方言和潮汕话类同。例如：

客家话的复数用法为“三身代词+兜人（诸人）”；粤方言的复数用法为“三身代词+哋”；潮汕话的复数用法为“三身代词+侬的省音［-ŋ］”或“三身代词+撮人（各人）”。

（三）疑问代词

争

“争”在唐代诗文中运用相当普遍，一般是唐代用“争”，宋代用“怎”。“争”、“怎”的意义相同，语音相通（争和怎均为庄母，争是耕韵，怎是沁韵，均收鼻音，争为怎的语源）。意思为怎么，多表反诘，也表询问，要求对方说明某种行为的理由。

《祖堂集》有“争”、“争知”、“争解”、“争得”、“争获”、“争奈”。到了宋代变成了“怎得”、“怎知”、“怎解”、“怎生”、“怎奈”。例如：

①僧对曰：“昨老母下世，只有姊独自无人看侍，争抛得?”(《祖堂集》卷三)

②别人对云：“若不与么道，争识得和尚?”(《祖堂集》卷十)

③罗山云：“争得到这里?”(《祖堂集》卷十二)

④学云：“争奈不能恻得何?”(《祖堂集》卷十三)

⑤师与洞山锄茶次，洞山抛却锄头云：“我今日困，一点气力也无。”师曰：“若无气力，争解与么道得?”洞山云：“将谓有气力底是。”(《祖堂集》卷六)

在粤语中，“争”说成“点”，用“点”、“点解”、“点知”、“点得”、“点能”表示反诘。例如：

①你想点啊？（你想怎么样）

②你点识得佢嘎？（你怎么认识他的）

③点解你成日睇住我嘎！（干吗你整天看着我啊）

④唔知点打招呼，更有乜好倾。（不知道怎样打招呼，更没有什么好交谈）

⑤点得我早日还完花债，共你从良。（《粤讴·花本一样》）

⑥做女个阵点知流落呢处受风流难。（《粤讴·缘悭》）

作摩

“作摩”有四种用法：“什么”、“作什么”、“怎么”、“为什么”；可作主语（我们不同意作主语的解释，如下第一例，仍可看作状语，解作“为什么”。张美兰说全书仅两例，“作摩”都放在“是”前）、谓语、状语、定语。由于方言音变，由“争”分化而来，又写作“作么”。“从‘作摩’的用例看，‘作摩’实际是两个语言单位：疑问代词（什么，怎么）、动宾词组（作什么，干什么），同形而异构也。”[①] 例如：

①僧便问：“作摩是文殊剑？”对曰：“不道。”（《祖堂集》卷十一）

②座主云：“哭某等作摩？”（《祖堂集》卷十四）

③师乃回视云：“作摩？”（《祖堂集》卷五》）

④师曰：“作摩不分？”僧曰：“如何分？”（《祖堂集》卷九》）

⑤师曰：“庐陵米作摩价？”（《祖堂集》卷三》）

⑥洞山云：“问则有，不用拈出，缘作摩故？阇黎千乡万里来，乍到者里，且歇息。”（《祖堂集》卷十九》）

---

① 张美兰：《〈祖堂集〉语法研究》，141～142页，北京，商务印书馆，2003。

“乍”、“作”、“争”三字古代不仅声母相同，而且韵母中的主要元音读音并无多大差别。在它们表“怎”时，当是唐五代口语的记音字，因借字表音，以致词形各异。[①] 大约为了避免歧义，在唐五代时期出现了多音节的“作个”、“作摩（作么）”、“作么生”。

客家话的“作么介”，潮汕话的“做呢”，粤语的“做乜嘢”，跟“作摩”的用法和意义差不多，它们在一定程度上都是张美兰所说的同形异构的两个语言单位，问原因是它，问做事也是它。

客家话把问原因和问事件、动作合流为一，用同一个疑问词表示，所以，日常用语中常用“做么介”。例如：

①你作么介打人？你打人作么介？（询问原因）

②你在那里作么介？（问做事，作谓语）

粤语的“做乜嘢”，也常是类似的用法，作状语和作谓语异构同形。例如：

①你琴晚做乜嘢唔去哑？（你昨晚为什么不去呢）

②你去個处做乜嘢？（你去那里干什么）

潮汕话的“做呢”是疑问代词，“呢”可能是次浊声母旁转而成。其具体的用法有：

一是表询问，例如：

①只几日你做呢无来？（这几天你为什么没来）

②汝做呢在哭？（你为什么在哭）

二是表反问，例如：

①你惊做呢？（你为什么害怕）

②伊者人做呢好相信！（他这种人怎么可以相信）

---

① 李景泉、李文星：《“争、乍（作）”及“怎”字的由来》，载《汉字文化》，2004（4）。

三是表方式，例如：

①件事着做呢开始做？（这件事要怎样开始做）
②请问市场做呢行？（请问市场怎么走）

四是表行为，例如：

①汝爱做呢？（你要干什么）
②伊去做呢？（他去干什么）

五是作答语，例如：

“弟啊，你来。”“做呢？”

六是表虚化，例如：

你爱做呢就去做呢，勿问我。

底（何，什么）

“底”常见于南北朝、唐代诗歌中，表示疑问，例如：

①寒衣尚未了，郎唤侬底为？（《子夜四时歌·秋夜》）
②木桃堪底用？寄以报琼瑶。（南朝陈·沈炯《八音诗》）
③不报父母恩，方寸底模样？（《寒山诗·我见世间人》）
④黄昏戌，把火寻牛是底物？（《祖堂集》卷十一）
⑤吹皱一池春水，干卿底事？（《南唐书·冯延己传》）

李如龙指出，闽南方言区各地疑问代词中都有“底”，可以用来问时间、地点、人、事，相当于“哪”。早期闽南话戏文中也用得很广，如“底处”、“底位”、“底去”、“底侬”的道白至今还用。[1]

“底”在潮汕话里用途同样很广，问人用“底、底人”，“底”相当于“谁”，如“底人在许块哭”（谁在那里哭）；问事物、事情也可以用“底”，如“底件衫是汝个”（哪件衣服是你的）；问处所用“底块”，相当于“哪里”，如“阿公去底块”（爷爷去哪

① 张美兰：《〈祖堂集〉语法研究》，135页，北京，商务印书馆，2003。

里了)、“汝去底块”(你去哪里)。

“底”的用法有多种。除了作疑问代词如上,还可以作结构助词、指示代词。[1]

“底”作结构助词,例如:

①山僧底个,山僧自知;诸人底个,诸人自说。(《五灯会元·长芦清了禅师》)

②万别千差明底事,鹧鸪啼处百花新。(《瑞州洞山良价禅师语录》)

③红芙蕖杂白芙蕖,红底终稠白底疏。(杨万里《玉井亭观白莲二首》)

④夕日日中谁有挂,因底底事隔情迷。(《云门匡真禅师语录》。因底底事:因个甚事,前一个“底”是结构助词,后一个“底”是疑问代词)

⑤老僧只管看这底,不是个择法眼。(《汾阳无德禅师语录》)

⑥只是饮水吃草底汉。(《祖堂集》卷十六)

“底”作指示代词,例如:

①会得底人意,须知夜色寒。(《五灯会元·郓州四禅禅师》)

②焰火无鱼下底钩,觅鱼无处笑君愁。(庞蕴《与谷隐道者颂》)

③怜底众生病,餐尝略不厌。(《全唐诗·寒山诗》)

“底”作名词,指底部、底下,有类似方位词词尾的用法,例如:

①回头看后底,影亦不随身。(庞蕴《杂诗》)

②前头火着,后底火灭。(《敦煌变文集》卷一)

冯春田认为,结构助词的用法来自指示代词,如同“个”的演变过程一样。“个”的演变也是由名词→指示代词→结构助词,这就是语言演变的类化或影响作用。

---

① 冯春田:《试论结构助词“底(的)”的一些问题》,转引自蒋绍愚、江蓝生编,《近代汉语研究》(二),263页,北京,商务印书馆,1999。

几，几时，几多

“几”表示感叹，起源很早。公元前6世纪中叶，楚国出现了一首据越人土语翻译出来的诗歌，就是著名的《越人歌》：“今夕何夕兮，搴舟中流。今日何日兮，得与王子同舟。蒙羞被好兮，不訾诟耻。心几烦而不绝兮，知得王子。山有木兮木有枝，心悦君兮知不知？”这种用法其后延续下来，表示多么或表示什么时候。例如：

①看君话王室，感动几销忧。（杜甫《西阁口号呈元二十一》）
②天几曾错害了一个，只是时辰未到。（《喻世明言》卷二十）
③问侍者：“今日是几？”云：“新岁已二。”（《祖堂集》卷八）

“几时”萌芽于中古，询问时间“何时”。例如：

①雪峰在身边侍立，问：“者个上座适来辞去，几时再来？”（《祖堂集》卷六）
②僧云：“几时成佛？”（《祖堂集》卷十八）
③明月几时有？把酒问青天。（苏轼《水调歌头》）

“几多”起于六朝，发展为询问数量的疑问词，指多少。例如：

①复令悲此曲，红颜余几多？（庾信《夜听捣衣诗》）
②动春何限叶，撼晓几多枝？（李商隐《柳诗》）
③问君能有几多愁，恰似一江春水向东流。（李后主《虞美人》）

在粤方言和客家方言中，“几”用得很频繁，用来询问数目如“几多”、“几高”、“几长”等，或表达感叹，有多么、相当的意思，如“几烦”、“几多”、“几靓”、“几难”等。因为常用，有时也不知不觉地带入普通话的表述中，这时往往被认为是夹杂在普通话里的方言词。

六、介词

共（同，和）

例如：

①每常心共口敌，性与情竞。（《颜氏家训·序致》）

②欲共麻姑住，仙城半在空。（徐凝《武夷山仙城》）
③至今池水涵余墨，犹共诸泉色不同。（刘言史《右军墨池》）
④无泉不共紫河通。（陆龟蒙《奉和袭美怀华阳润卿博士三首》）
⑤不共诸侯分邑里，不与天子专隍陴。（陆龟蒙《江湖散人歌》）

清代粤语歌书《粤讴》用介词“共”，表示“跟”、“替”。例如：

①点得我早日还完花债，共你从良。（《粤讴·花本一样》）
②今日无力春风，唔共你争得啖气。（《粤讴·吊秋喜》）
③索性共你分离，免得耐耐又试惨凄。（《粤讴·留客》）

潮汕话有“共”作为介词的用法。

客家话在口语中没有介词“和”、“跟”、“替”等，而用“同”表示。例如：

①同偓介衫裤收落来。（替我把衣服收下来）
②做脉介都同读书差唔多，定着爱用心正做得。（干什么都跟读书差不多，一定要专心才行）
③秋晡夜就同校长请欸假。（我昨晚就向校长请了假）

七、副词

晒（煞，杀，死）

袁宾认为，“晒”是语气助词，他在《近代汉语概论》中指出：“附在动词、形容词之后，表示程度至极。”

①白杨多悲风，萧萧愁杀人。（《古诗十九首》）
②吁！灵春，思量杀我也！（《元刊杂剧风月紫云亭》第三折）
③哎呀！二哥呀！你想煞小弟了！（《龙图耳录》第六十四回）
④这糊涂死了我！（《红楼梦》第三十一回）
⑤大王夫人喜欢晒。（《变文集》卷六）

蒋冀骋、吴福祥的《近代汉语纲要》认为，“晒（煞，杀，死）”是程度副词，他们指出：“‘煞’表示程度极高，始见于唐五代，字也作‘噏’、‘晒’等。”并举出“晒（煞，杀，死）”放在动词前的例子：

①初出尘，绝离染，习种性根煞浮浅。(《敦煌变文集》)

②兽王见，甚欢忻，劝君从此瞮般勤。(《敦煌变文集》)

通俗小说也有不少“煞”作补语的例子：

①令老夫想煞也。(清·天花主人《二度梅全传》)

②我如今方服煞你。(清·名教中人《侠义风月传》)

③真令人爱煞。(清·名教中人《侠义风月传》)

④阎王见惯浑闲事，吓煞刘郎与阮郎！(清·名教中人《侠义风月传》)

1. 粤方言的“晒”

粤方言里都用“晒”极言程度高，如“舒服晒”、“打扰晒”。今天广州话还有“你大晒哑”，指大到尽头了，极言其尊、排第一，带有稍许的贬义（客家话“你大死欸”，其意思与粤语的“你大晒哑”相同）。

“晒”由极言程度高引申为范围广，用作范围副词，表示全部。例如：①

①食晒啲嘢。(吃完这些东西)

②攞晒畀佢。(全拿给他)

③睇晒本书。(看完这本书)

2. 客家话的“死”

客家话将程度副词“死”用到极致，继承中古“煞（死）”的用法，有自己的发展方向，成为使用频率很高的方言词。“死”主要是跟动词或形容词组合，强调程度高。

“死”在普通话中的用法有：一是动词+“死”，如“气死”、“急死”（这个形容词往往是表示感知、感受类）等；二是

① 袁家骅：《汉语方言概要》（第二版），222页，北京，语文出版社，2001。

“死”+动词，如“死做”、“死守”、“死记”等；三是形容词+“死”，如“热死”、“累死”、“吵死”等。客家话在此基础上用得更加灵活，构成更加丰富。其具体用法有：

（1）动词+“死欸”（如果这种结构不加“欸”，“死”可能被理解为动词。“欸”表已然）。如“想死欸”、“烦死欸”、“痛死欸”、“讨厌死欸”、“寻死欸”等。

（2）“死”+动词。如“死想”、“死烦”、“死痛”、“死讨厌”、“死恼”等（不说“死寻”。其中的动词只能是有关感觉的）。

（3）“死”+动词性词组。如“死听话”、“死好吃”、“死想去旅游”等。

（4）“死会”+动词性词组。如“死会吃”、“死会缅”、“死会做”、“死会读书”、“死会睡目”等。

（5）“死唔”+动词性词组。如“死唔好吃”、“死唔开窍”、“死唔听话”、“死唔好看”、“死唔会做”等。

（6）“死无”+动词性词组。如“死无划”、“死无用”、“死无商量”、“死无出息”、“死无看头”等。

（7）形容词+“死欸”。如“多死欸”、“长死欸”、“远死欸”、“重死欸”、“硬死欸”、“热死欸”等。

（8）“死”+形容词。如“死饥”、“死酸”、“死懒”、“死肥”、“死坏”、“死聋”、“死韧”、“死戆”等。

（9）双音形容词+“死欸”或双音形容词+“到死”（“到”为结构助词）。如“客气死欸”、“古怪死欸”、“便宜死欸”、“认真死欸”、“滑头死欸”、“糊涂到死”、“热情到死”、“欢喜到死”、“难捱到死”、“好彩到死”等。

客家话里的“死”，在一定程度上代替了“很”、“非常”，所以在口语中很少听到用“很”和“非常”。

（10）“死都”+动词（此时意义发生了变化，等于“怎么也”）。如“死都爱去赌钱”、“死都爱同人吵”、“死都唔讲”、“死都唔听人话”、“死都唔答（理）人”等。

（11）“死”成为构词能力很强的词素，构成的客家方言词往往有特定的意义。例如："死气"，指不灵活，不顾实际情况而硬要行动；"死佬"，指死尸；"发死"，指癫痫病发作；"夹死"，指硬来；"食死人"，指不中用。

在客家话中，发展到好事、坏事、平常事，都离不开"死"字。该避讳时都躲不开，例如，大年初一，孙子说："阿公分一个死大的红包"（爷爷给了个很大的红包）；吃饭时等着爷爷分菜时说："阿公，倨挖了一个死大的佛子早都等着你了"（爷爷，我在饭碗里挖了个很大的洞等你了）。[①]

3. 潮汕话的"死"

潮汕话也常在形容词后加程度副词"死"作补语，加强程度，达到尽量夸张的目的，如"惊死"、"好死"、"甜死"、"茉莉花个味芳死"等。

得

其一，放在动词后，表示能够、可以。例如：

①师当时无对。直得半年，方始云："无人接得渠。"霜云："道也大杀道，只得八九成。"师却请和尚代语，霜云："无人识得渠。"（《祖堂集》卷九）

②大胆天下去得，小心寸步难行。（《警世通言》卷二十一）

③不想计安听信了妻子之言，便道："这也使得。"（《警世通言》卷二十）

④常言："宰相腹中撑得船过。"（《警世通言》卷四）

⑤今日一位小娘子救他不得，赵某还做什么人？（《警世通言》卷二十一）

⑥景清在席上叙起侄儿许多英雄了得，京娘欢喜不尽。（《警世通言》卷二十一）

⑦戚青初时辩说，后吃邻舍指证叫骂情由，分说不得。（《喻世明言》卷二十）

① 张维耿：《客家话的"死"》，载《客家方言研究》，1998（9）。

⑧周三忽然害着病，起床不得。(《喻世明言》卷二十)

其二，表示将要。例如：

也好，一则两遍装幌子，二则坏了些钱物，却是又嫁甚么人是得？(《喻世明言》卷二十)

其三，表示过去时。例如：

到得他家，娘子妒色，罚我厨下打火，挑水做饭，一言难尽。(《喻世明言》卷二十)

其四，虚化为连词。例如：

庆奴道："事极无奈，但得你没事，和你归临安见我爹娘。"(《喻世明言》卷二十)

客家话和粤方言的"得"延续了这种用法，就是放在动词后，表示能够、可以。例如：

①你做得𠊎就做唔得咩！(客家话)

②佢食得做得。(粤方言。意为他能吃能做)[①]

③佢好写得。(粤方言。意为他很能写)

④呢件衫我着得。(粤方言。意为这件衣服我能穿)

好

语气副词"好"与用作反语的"好"在表达功能和句类分布上形成对应分工，两者表达上都起到加强责备语气的作用。"好"作为语气副词时，用于责备类转述句；"好"作为反语时，用于责备类直述句。语气副词"好"来源于用作反语的"好"，说话人转述别人证据强烈的责备话时，把用作反语的"好"也一并转述过来，就会在责备类转述句里出现"好"。[②] 例如：

---

① 侯精一：《现代方言概论》，192页，上海，上海教育出版社，2002。

② 单韵鸣：《广州话"好"的一种特殊用法》，载《中国语文》，2009(6)。

①你好吔！有咁好嘅女朋友都唔满足，仲咁花心！（粤语。意为你好啊！有这么好的女朋友还不满足，还这么花心）

②明仔话佢好，佢粒声唔出就走咗。（粤语。意为小明责怪他，他一声不吭就走了）

这就是反语造成的词义引申，其实现代普通话里也有这样表达的："你好啊，竟敢这样做，看我不收拾你！"责备类转述句中的"好"，可以理解为"怎么可以"，其中包含了反语的感情色彩。去掉其中的感情色彩，"好"用作副词就是表示"可以"之类的意思，这种用法比较早，例如：

①过江了，向行者云："你好去！"其行者迤逦取向南方矣。(《祖堂集》卷二)

②师示众云："南山有鳖鼻蛇，是你诸人好看取！"(《祖堂集》)

③仰山云："我辞和尚时处分：'五六年闻吾在即归来，闻吾不在，即自拣生路行，努力好去。'"(《祖堂集》卷十八)

这个"好"，在客家话里进一步引申为"应该"的意思，构成了同一的意义类型，表示对对方的希望、意愿，在口语中经常使用。例如：

①你好吃饭了。(你应该吃饭了)

②你好走了。(你应该走了)

③你好去学堂下了。(你应该上学了)

④你好转屋家了。(你应该回家了)

这样的用法，跟袁宾在《近代汉语概论》的"模式词语"部分里谈到的"好 A"类有内在的联系，只是"好"的意义比较确定就是了。

爱

"爱"是要，将要的意思。

由喜爱、喜好的意义发展虚化而来，普通话一般只用在固定结构"爱去不去"。而潮汕方言和客家方言却用得很普遍，听起来随口都是“爱”，如“你爱唔爱”（你要不要），跟从心的“爱”一点关系都没有的。例如：

①汝爱去底块？我爱去北京。（潮汕方言）

②你爱去做么介？我爱去行街。（客家方言）

八、处置句

将，捉

“将”作为表处置的介词，在晋代出现，而同样表处置的介词“捉”、“把”产生于隋末唐初。在后来的发展中，“把”在处置式中为人们所接受，直到现代汉语中都通用；“将”和“捉”则只保留在一些方言中，如广州话的“将”，潮汕话的“捉”，客家话的“捉倒”。

例如，古书中的“将”字句：[1]

①何如将情缠忧殷，多患生艰惟苦身。（《晋诗》卷十五）

②将缣来比素，新人不如故。（《玉台新咏·古乐府》）

③只应待相见，还将笑解眉。（《梁诗》卷二十七）

④时左右人即将彼贼人付刑人者。（后秦佛陀耶舍、竺佛念译《长阿含经》卷七，一，四十三，上）

又如，古书中的“捉”字句：[2]

①向吾宅中坐，却捉主人欺。（《变文集》卷三）

②官人夜游戏，因便捉窠烧。（《变文集》卷三）

③真当骚，真当骚，大门前冷眼捉人瞧。（冯梦龙《山歌》卷一）

④郎在门前走了七八遭，姐在门前只捉手来摇。（冯梦龙《山歌》卷一）

---

① 蒋冀骋：《论明代吴方言的介词“捉”》，载《古汉语研究》，2003（3），36页。

② 袁宾：《近代汉语概论》，253页，上海，上海教育出版社，2000。

王力先生在《王力文集·汉语史稿·卷九》中指出："粤语和客家话，在一般口语里是不用处置式的。'把它吃掉'译成广州话是'食咗佢'，译成客家话是'食了渠'（按：更准确一点是'食撇佢'）。这并不足怪，因为7世纪以前的汉语本来是没有处置式的。"

可是，当这个"佢"不是单音代词，而是多音词语的时候，问题可能就不是那么简单了，如"把这碗饭吃掉"。这时，粤语往往可用"将"表示处置，即"将呢碗饭吃咗佢。"

①佢将我个杯打烂咗。（他把我的杯子打烂了）
②唔该你将本书递畀我。（麻烦你把那本书递给我）

客家话往往用"捉→捉倒"来表示处置。例如：

①捉倒欸碗饭吃撇佢。（把这碗饭吃掉）
②佢捉倒门一哐就走。（他把门哐一声关上就走）
③小心滴，捉倒钱袋好，唔爱跌撇里。（小心点，把钱装好，不要掉了）

袁家骅在《汉语方言概要》中指出，潮州话、粤方言和客家方言的处置式都是用"将"字，潮州话还有用"对"的例子。如同袁宾在《近代汉语概论》中讨论的一样，处置式存在多种形式，那么方言有不止一种表示方式也是不奇怪的，或者是互相影响造成的结果也不一定。在客家话中，不但用"将"、"将把"，有时还用"同"表示处置。例如：

①瞒人将偓个拖匣打开欸？（谁把我的抽屉打开了）
②佢将把屋家个事讲分偓知。（他把家里的事讲给我知道）
③佢穷到同老婆个戒指都卖撇哩。（他穷得把老婆的戒指都卖掉了）

九、被动句

吃（乞）

按惯常的说法，现代汉语被动表示法主要是"被"字句。实际口语中被动式常常用“吃”、“叫”、“给”、“让”等来表示。“吃”字句大约产生于宋代，“叫”字句出现在元明之际，“给”字句则在清代产生。“这些新形式的出现，揭开了‘被’字句从口语中受排挤的序幕……与北方方言的‘给’‘叫（教）’以及南方方言的‘畀’‘乞’‘分’等有一定的关联。”① 例如：

①便捉的他们，那里去请赏？也吃江湖上好汉们笑话。（《水浒传》第十五回）

②史大官人把王义救到山上，将两个防送公人杀了，直去府里要刺太守；被人知觉，倒吃拿了，现监在牢里。（《水浒传》第五十八回）

③戚青初时辩说，后吃邻舍指证叫骂情由，分说不得。（《喻世明言》卷二十）

④那和尚猛可地乞他捽住。（《清平山堂话本·雨窗集·花灯骄莲女成佛记》）

⑤恰吊在面糊盆内一般，乞那厮局骗了。（《金瓶梅词话》第十九回）

上面的后两例，引自袁宾的《近代汉语概论》，他说：“近代汉语被动句除了‘被’外，还有其他一些表示被动的介词，其中数‘吃’较为常见。”“有时写作‘乞’。”这个“乞”在潮汕话中仍用来表示被动，据《汉语方言词汇》的调查，福州、潮州等地仍以“乞（吃）”为表示被动的介词，如潮汕口语中的“我乞伊拍”（我被他打）。粤语以“乞”为介词的被动句应该是古代的遗留，为大家熟悉和常用的就是“乞人憎”，如说“在内街开宰杀家禽档口乞人憎”。

得

袁宾在《近代汉语概论》里讨论被动句时谈到用“得”表示

---

①　唐钰明：《唐至清的“被”字句》，转引自蒋绍愚、江蓝生编，《近代汉语研究》（二），127 页，北京，商务印书馆，1999。

被动的句式，他认为，“汉语被动句在20世纪之前，一般表示不幸的遭遇，但此类得字句恰好相反，多表示合人心意的行为”。

如袁宾所举的中古表幸运的被动式常用“得”字句：

①适来失脚滑倒，又得家童扶起。(《五灯会元》卷十二)

②(时迁) 曾在蓟州府里吃官司，却得杨雄救了他。(《水浒传》第四十六回)

③我婆婆因为与赛卢医索钱，被他赚到郊外勒死。我婆婆却得他爷儿两个救了性命，因此我婆婆收留他爷儿两个在家。(《元曲选·窦娥冤》第二折)

最后一例中两个被动句同时出现，“被”字句表示险遭勒死的不幸遭遇，“得”字句表示给人救了性命的幸运或合人心意的行为，显然是作者有意识地选择不同表达形式的结果，很富启发性。袁宾说：“在近代汉语被动句中，这类得字句的使用频率不算高，但是它突破了传统被动句的意义类型，与其他被动句在表意上具有互补的作用，是被动句发展史上的一个重要现象。”

后来，这类“得”字句在一些著作中仍有少量出现，例如：

①却说宅里有个小官人，叫做佛郎，年方七岁，直是得人惜。很可爱。(《警世通言》卷二十)

②黄、顾二人，口中还不干净，却得马德称抵死劝回。(《警世通言》卷二十)

客家话的“得”，也有表示被动的意思。例如：

①这只人十分得人恼。

②这只地方死得人畏。

③这只细佬哥喀得人惜。

上例各句中，主语是“恼”、“畏”和“惜”的对象，这样的说法往往表示对主语的评价；表示好的或不好的境遇都用“得”字句，跟只表幸运有所不同，可算是中古被动句的遗留和扩展。说它是遗留，因为构成的动词少，往往就是这几个；使用范围也比较固定。

分

表示被动的还有潮汕话、客家话常用的“分”，其义由“分”的分给、给予义虚化而来。例如：

①伊分人拢落海。(潮汕话。意为他被人推下海)[①]

②佢分人㨃落海肚欸。(客家话。意为他被人推下海)

③分人骂死欸。(客家话。意为我被人骂死了)

畀

粤语常用“畀”来表示被动意义，如“我啲嘢畀人偷晒”（我的东西被人偷光了）。其实“畀”的动词义跟“分”差不多，都是给予，《辞源》引上古有这样的用例：

①取彼谮人，投畀豺虎。(《诗·小雅·巷伯》)

②(楚灵王) 投龟诟天而呼曰：“是区区者而不予畀，余必自取之!”(《左传·昭公十三年》)

“分”和“畀”的动词给予义，从受者来说，是带有被动的承受，因而引申为表示被动的介词，也是顺理成章的。其例证还要从中古乃至近代的文献中去寻找。“畀”和“分”有无联系，有无先后呢？这些问题都值得进一步去弄清楚的。

见

古代汉语表被动的“见”字句，常引的是《孟子·尽心下》：“盆成括见杀。”《庄子·秋水》：“吾和长见笑于大方之家。”偶有见于潮汕口语，如“我见拍”（我被打）。跟古代一样，“见”字不能引出主动者。

着

着，《广韵》：“直略切，附也。”“着”由附着义引申为表示被动。例如：[②]

---

① 袁家骅等：《汉语方言概要》，279 页，北京，语文出版社，2003。

② 袁宾：《近代汉语概论》，245 页，上海，上海教育出版社，2000。

①一度着蛇咬，怕见断井索。(《五灯会元》卷二十)

②没的这猫也着人哄了不成？(《醒世姻缘传》第六回)

客家话也有这种形式的遗留，是一句口头常说的俗语：“好心着雷打。”

从以上所举例来看，广东的方言口语中使用的被动句式是很丰富的，可用“吃”（乞）、“得”、“分”、“畀”、“见”、“着”等来表示被动，从上古到近代的表示法都在其中留有或多或少的印迹。从一个角度体现了口语善于吸收和兼容的特性，认识方言口语的多样化。

从句法来说，古代汉语和方言，有不少类似的地方。王力说，广州话的“狗大过猫”，跟《孟子》的“金重于羽”、《荀子》的“青，取之于蓝而青于蓝；冰，水为之而寒于水”不同的仅仅是介词，作为比较句式是一样的。① 在这里仅从处置句和被动句展开分析，看广东的方言在句法方面对古代汉语继承关系，以期引起读者对方言和古代汉语句法比较探讨的兴趣。

王力说过：“现代汉语方言的研究对于汉语史的建立，是能起非常重大的作用的。”“我们不但由现代方言中证实了古音的系统，我们甚至能利用方言的事实来‘重建’古代的音值。至于古代的词汇和语法，其中也有一些保存在方言里，例如，粤方言里所谓‘行’和‘走’与先秦的‘行’和‘走’的意义是一样的。”通过以上语音、本字、词汇、语法各方面只是举例性而非全面的探究和讨论，已经深切地感受到汉语历史的发展对各方言形成的无所不在的影响。

---

① 王力：《王力文集·第九卷·汉语史稿》，第一章，济南，山东教育出版社，1988。

第六章　一些有关方言的语言现象的源流探究

语言是工具，是每一个人都离不开的交际工具。所以说，语言就在我们身边，只要稍加留意，就会体会到语言的丰富多彩。而方言，更因为它往往是母语，带着许许多多扎根于民间的文化印迹，因此在使用的过程中，可以不断认识其中深厚的古代文化底蕴，认识汉语这个大家庭中各方言之间千丝万缕的联系。

本章的内容，一部分已先后在一些刊物发表，在此作了进一步的增补和修改。都是历年来在教学过程中积累的个案体会和研究心得。期待今后能有更多的发现。

一、粤东潮汕话中“奴（阿奴）”、“丈夫”的词义源流

潮汕话人称古代语言的“活化石”，即便七八十岁的老婆婆说起话来，其中的古音余韵，秦腔汉调，也常常令人叹为观止。所谓雅言俗语，混为一谈，从中可以证明保留了不少古代汉语的因素，也昭示了潮汕话的古雅。在此仅以“奴（阿奴）”和“丈夫”为例，分析其古代音义变化的源流。

（一）“奴（阿奴）”的意义的发展演变

潮汕话里称儿子为“奴（阿奴）”，称小孩子为“奴团”，长辈们常常会这样说：

①伊是我个阿奴。（他是我的儿子）

②你奴个底子无若好。（你儿子的体质不太好）

③奴啊，来食糜了。（孩子啊，过来喝粥了）

④这个奴团生来真翘楚。（这孩子长得真好）

⑤这个奴团无人教示。（这个孩子没有人教导）

以上所引的第③、第④例中加点的字也是源自先秦的两个古语词。

探寻“奴（阿奴)”的本意及其发展，就可以清楚地看到潮汕话中这个词的来源。“奴”的本义是指罪人、奴隶，地位低下，不分男女。如先秦书中有“其奴，男子入于罪隶，女子入于舂稾”(《周礼·秋官·司厉》)，“微子去之，箕子为之奴，比干谏而死”(《论语·微子》)。

后来“奴（阿奴)”发展为对称之词。由于本义指地位低的人，所以只用作尊长指称卑幼；或是平辈中称呼年纪小的。例如：

①王敬豫有美形，问讯王公。王公抚其肩曰：“阿奴恨才不称。”(《世说新语·容止》)

②太傅时年七八岁，着青布绔，在兄膝边坐，谏曰：“阿兄，老翁可念，何可作此!”奕于是改容曰：“阿奴欲放去邪?”遂遣之。(《世说新语·德行》)

③周侯独留与饮酒言话，临别流涕，抚其背曰：“奴好自爱。”(《世说新语·方正》)

④(齐武帝）临崩，执帝手曰：“阿奴，若忆翁，当好作!”(《南史·齐本纪》下)

⑤帝谓皇后为阿奴，曰：“阿奴暂去。”(《南史·郁林王何妃传》)

⑥将度辽，呼其三子曰：“阿奴，当备浅色黄衫。”(《北史·麦铁杖传》)

以上引例的“奴（阿奴”)，在第⑤、第⑥例中是父称子，在第②、第③例中是兄称弟，在第④例中是祖称孙；除了第①例外，都是称呼男性。

在唐五代时，“奴（阿奴)”又被引申为自称。因为古代自称往往是谦称，在今天看来，是用贱一点的字眼，把自己说得越低下，就是对对方越尊敬。所以，当时无论男女尊卑，都可谦称自己为“奴（阿奴)”，成为一个使用广泛的自称之词。例如：

①太上皇召肃宗谓曰：“张均兄弟皆与逆贼作权要官，就中张垍更与贼毁阿奴家事，犬彘之不若也，其罪无赦。”(《太平广记》

卷七十七)

②初见捕去，与奴对事。(《太平广记》卷一〇〇)

③远指白云呼且住，听奴一曲别乡关。(《敦煌变文集·王昭君变文》)

④阿奴身年十五春，恰似芙蓉出水宾。(《敦煌变文集·破魔变文》)

以上四例中，前两例是男性自称，后两例是女性自称。

宋代以后，“奴（阿奴）”才缩小为女子专用的自称，在书中常见。如“杨太妃垂帘，与群臣语，犹自称奴”(《宋史·忠义传·陆秀夫》)，贵如杨太妃，仍这样自称，更不用说平民百姓的女子了。

随着谦称、敬称、礼貌式的衰微，“奴（阿奴）”在北方话中结束了它的自称对称的历史，却在潮汕话里保留了长辈指称卑幼的用法，并且把卑幼的范围缩小为儿子。同时，还引申出“奴囝”这个词来称呼小孩子，但说“奴囝”时，是不分男女的，淡化了词的性别意义。词义和词形在使用的过程中都体现了方言自身的发展和变化。

为什么只用“奴（阿奴）”来指称儿子而不用它来指称女儿呢？这可能与汉族民间重男轻女的心理和相关的习俗有关。儿子是家里的继承人，说得贱一点好养，而“奴（阿奴）”的本义正符合这个标准；且古代用这个词作对称，也往往以长辈称男性小辈为常。女儿生来就不受父母重视，被看得比男孩贱，也就不值得专门去注意了。

吕叔湘先生把“奴（阿奴）”放在第一人称代词中叙述，袁宾先生也在《近代汉语概论》中将它归入第一人称代词。但我们结合“奴（阿奴）”字的本义和引申义的考察，以及它在语言中的具体运用，更倾向于把它看作名词而不是人称代词。古人在对话时忌称“你”、“我”，古代的礼貌式，往往自称称名，对称称字，来表示自谦和对对方的尊敬；或是用一些特别的名词来作为谦称和敬称，如君主自称的“不谷”、“寡人”，一般人自称的“臣”、

“仆”、“妾”等，敬称的“君”、“子”、“公”、“卿”等，都是用作名词。由于“奴（阿奴）”的本义是指地位低下的人，很自然可以作为自谦之词；作对称时，也由本义引而为指称辈分低或地位低的人。在潮汕话中，它既可以作为对称之词，也可以作一般的名词使用，进一步证明了它在词类中的身份。

（二）“丈夫”意义的来历

“丈夫”这个词，在现代普通话中，是指女子的配偶。但广东女子称自己的配偶却不用它，平常听到的大都是“老公”，并且随着广东话的流布，在流行口语中通过类推大有压倒“丈夫”之势。而潮汕话里的“丈夫”，是另有用意的，例如：

①乌乌粗粗，正是丈夫。（长得黑黑粗粗的，才是男人）

②做丈夫过艰苦。（做男人非常辛苦）

③这些事是丈夫做的。（这些事是男人做的）

④生丈夫还是生姿娘？（生男孩还是生女孩）

⑤这个是丈夫囝。（这个是男孩子）

以上各例中的“丈夫”，很明显是指男性。在潮汕话中，说到男子，不管大的小的，老的少的，都是“丈夫”，把它作为男性的通称。而现代普通话只有说到“男子汉大丈夫，敢作敢当”时，与潮汕话中的“丈夫”才相通。这个意义追起根来，源头亦在先秦时代。例如：

①武叔曰：“是谓我不成丈夫也。”（《左传·哀公十一年》）

②男子二十而冠，冠而列丈夫，三十而娶。（《穀梁传·文公十二年》）

③丈夫亦爱怜其少子乎？（《战国策·赵策》）

④古者丈夫不耕，草木之实足食也。（《韩非子·五蠹》）

⑤生丈夫，二壶酒，一犬；生女子，二壶酒，一豚。（《国语·越语》）

查魏晋时代乃至宋代的一些著作，如《世说新语》、《三国志》、《太平广记》等，“丈夫”仍延续了上古的意义，指称男子。

例如《世说新语》里的句子：

①吾闻丈夫处世，当带金佩紫，焉有曲洪流之量，而执丝妇之事？（《世说新语·言语》）

②故当是丈夫之德，表于事行；妇人之美，非诔不显。（《世说新语·文学》）

③大丈夫将终，不问安国家之术，乃以儿女子相问！（《世说新语·方正》）

到了明代的“三言二拍”，情况就大不相同了，“丈夫”除了在“大丈夫”这一结构里指男子如“今一旦得志，便尔忘恩，非大丈夫所为”（《初刻拍案惊奇》卷四）外，一般都指女子的配偶，已经跟现代汉语没有什么不同。

再来看潮汕话里的“丈夫”，不但在意义方面跟先秦一致，就是在语音方面，也是念［ta^{33}］［pou^{33}］，声母分别保留了上古的舌头音和重唇音。潮汕话和它的上位方言闽语在语音方面表现出一个明显的共同特点，就是罕有轻唇音和舌上音，活的语言事实证明了清代钱大昕“古无舌上音”和“古无轻唇音”的两个关于上古语音的著名论点，“丈夫”就是一个很好的例证。因此，从语音和词义两方面考察，它都是一个很纯粹的从上古继承下来的词。

一般的字典辞书如《辞源》、《大辞典》都将“丈夫”解释为“成年男了的通称”。从上古书中的情况和在潮汕话的遗留来看，这样的解释都是不够全面的，应该改为“男性的通称”比较恰当。

在客家话中，指称一般男性时也习惯说“丈夫家”，跟指称一般女性的“妇人家”相对。“丈夫”不但保留了古义，其中“夫”也仍读重唇音，在一定程度上保留了古音；同时，在词形方面，给它加上了词尾“家”，有自己鲜明的方言特色。

从“奴（阿奴）”、“丈夫”古义发展而来的潮汕方言词“奴囝”和“丈夫囝”尽管都指小孩子，但由于两个古语词原本指人就有性别范围的不同，导致潮汕话说“奴囝”时，也跟“奴（阿奴）”一样，不分男女；说“丈夫囝”时，也跟“丈夫”一样，只是指男性。说明了古语词即使在方言使用中有词义扩大和发展变化的现象，也还会受到原有意义的制约，体现出汉语词义变化的一般规律性。

二、客家话中人称复数的来源及其发展

客家话中表示人称复数的“兜人”，来自中古的“诸人”。“诸”表示数量多，跟“人”组合成固定结构“诸人”，逐渐凝固为表示人称复数的词尾，附着在代词后。客家话继承和发展了这种用法，并受语言类推机制的推动，完整地形成表示三身代词人称复数的形式。从语音的发展和语义的流变，都可以清楚地看到其变化轨迹。

谢栋元先生的《客家话北方话对照辞典》，把客家话表示三身代词人称复数的“我们”、“你们”、“他们”写作“𠊎兜人（𠊎登人）”、“你兜人（你登人）”、“佢兜人（佢登人）”。其中的“兜（登）”是借音表义的方言记音字。据汪化云的《汉语方言代词论略》，李如龙等认为，梅县话的“等”是“兜人”的合音，而“兜”是“多”变来的。古汉语的“等”来自“多人”的合音。可是一般不见“多人”一类的固定形式。

“兜（登）”的本字究竟是什么呢？我们心存疑问。偶在张美兰的《〈祖堂集〉语法研究》看到有这么一句：“《祖堂集》中没有表复数的系统，《祖堂集》中表复数的用‘汝诸人’、‘汝’。”[①] 并看到书中所引一个例句：“阿你诸人莫错用心。”除此再没有其他相关的论述。[②] 但这一下子引起我们的联想和注意，由此就以《祖堂集》为中心，上溯《世说新语》，下至相类同的佛经典籍，以图弄清“诸人”的来龙去脉，以及它是否与客家话人称复数表示法有联系。

通过考察中古《世说新语》以后的一些记录口语的文献，我

---

① 张美兰：《〈祖堂集〉语法研究》，36页，北京，商务印书馆，2003。

② 张美兰：《〈祖堂集〉语法研究》，91页，北京，商务印书馆，2003。

们认为，"兜（登）"的本字应该是"诸"，它来自中古的"你诸人"、"汝诸人"、"此诸人"、"卿诸人"等。

南朝宋刘义庆的《世说新语》，有"此诸人"、"卿诸人"的称说。例如：

①王败后，明帝收朗，欲杀之，帝寻崩，得免。后兼三公，署数十人为官属。此诸人当时并无名，后皆被知遇。于时称其知人。（《世说新语·识鉴》）

②王仲祖、谢仁祖、刘真长俱至丹阳墓所省殷扬州，殊有确然之志。既反，王、谢相谓曰："渊源不起，当如苍生何？"深为忧叹。刘曰："卿诸人真忧渊源不起邪？"（《世说新语·识鉴》）

③凡此诸君，以洪笔为锄耒，以纸札为良田；以玄默为稼穑，以义理为丰年；以谈论为英华，以忠恕为珍宝；著文章为锦绣，蕴五经为缯帛；坐谦虚为席荐，张义让为帷幕；行仁义为室宇，修道德为广宅。（《世说新语·赏誉》）

④孙兴公为庾公参军，共游白石山。卫君长在坐。孙曰："此子神情都不关山水，而能作文？"庾公曰："卫风韵虽不及卿诸人，倾倒处亦不近。"孙遂沐浴此言。（《世说新语·赏誉》）

古人的礼貌习惯，对长辈或平辈之间不用"尔、汝"称之。《世说新语》是文人雅士的交际记录，所以指称对方众人不用"汝诸人"、"你诸人"等，只说"卿诸人"。"此诸人"则相当于"这些人"或"这班人"。

五代南唐时的禅宗著作《祖堂集》，主要记述历代祖师向弟子传授禅法的语录。师称生，是对晚辈，所以在对话中僧师称众弟子常用"你诸人"、"汝诸人"、"汝等诸人"等。例如：

①大师临迁化时，告众云："正法难闻，盛会希逢，是你诸人如许多时在我身边，若有见处，各呈所见，莫记吾语，我与你证明。"（《祖堂集》卷二）

②有时上堂云："汝诸人来者里觅什么？莫要相钝致么？"（《祖堂集》卷七）

③师上堂云："……我如今不识好恶颠倒，与汝诸和尚插偈、歌咏、告报，尚不能察得，倘若依于正令，汝向什么处会去？何不抖擞眉毛，著些子精彩耶？尽乾坤界是你诸人家风，诸人一时体取，还有人体得么……"（《祖堂集》卷十）

④师每告诸善知识曰："汝等诸人自心是佛，更莫狐疑……"（《祖堂集》卷二）

⑤诸供奉曰："我等诸人谩作供奉，自道解经解论；据他禅宗，都勿交涉。"（《祖堂集》卷三）

尤其是"你诸人"和"汝诸人"在《祖堂集》中频繁出现，都在僧师对众和尚教诲时说的话里，指的就是"你们"。"汝诸人"和"汝等诸人"同时出现，表明这时人称代词和"诸人"处在逐渐凝固成词的过程，其内部组合还不是非常牢固。并且这个"诸人"在随后的语言发展进程中为表示人称复数的"们"所替代，没有像客家话那样真正发展为表示人称复数的词尾。

另外，宋代的禅宗著作《五灯会元》也有"你诸人"、"汝等诸人"的称说。一些禅宗故事或语录，也可以看到"你诸人"、"我诸人"、"他诸人"等。这些禅宗著作，都是中古代表性的口语作品。这些指代人称复数的形式，为客家话所继承，其内部结构也逐渐稳定下来，不再出现人称代词和"诸人"之间插入"等"的形式。综上所述，清理客家话复数形式的来源，可以从语义和语音两方面去认识。

首先，从词义来看，"诸，非一也"（《广韵》），常附着在名词前表示事物的数量多，如"诸法"、"诸方"、"诸子"、"诸王"、"诸人"等。在"诸人"构形的基础上，口语中指称对方时，前面加上代词"你（汝）"、"卿"等；或说明一类人物时，前面加上代词"此"、"其"等，久而久之，形成表示人称复数的固定结构："代词＋'诸人'。""诸"义的变化轨迹表现为：表示非一；表示多；跟"人"组合成固定结构"诸人"，附着在代词后，逐渐凝固为表示人称复数的词尾。这个变化过程，如以上例句所示，在《世说新语》已见端倪，到《祖堂集》已普遍使用来表示第二人称复数。这种用法后来被客家话继承，同时受语言类推机制的推动，第二人称代词可替换为第一人称的“偓”和第三人称的“佢”，就完整地构成客家话中表示三身代词人称复数的形式。这样“诸人”原来的词汇意义就虚化而脱落，形成了稳定的词尾形式。

从语音来看，“诸，章鱼切”，“兜，当侯切”（《广韵》），“当”属“端”母，“章”母在上古与“端”母同属舌音；与“诸”同音的“猪”至今在潮汕话仍念舌头音；与“诸”同谐声偏旁的字读“端”母的也有：都，赌，睹，堵等。王力先生说：“一般地说，同一谐声偏旁也就同属一个韵部。”两字的韵部“鱼”、“侯”也相近相通，王力在《汉语史稿》中说：“汉代的鱼侯两部在韵文里是同用的，可能是合韵。”这些都可证明“诸”和“兜”在上古无论声韵都是非常接近的。此后，“诸”所从舌音章系和齿音庄系合流为中古的照系，与精系接近同归齿音。而客家话则保留了“诸人”之“诸”的舌音与“兜”相近，使人们在记录时不再意识到“诸”是本字，而录作仍是舌头音的“兜”。

从语义和语音的发展流变，都可以清楚地看到“诸”的变化轨迹，从而可证明“诸”就是客家话的“兜”。由于在口语中受前后语流音变的影响，“诸”的语音不那么稳定，可作“兜”，亦念作“登”。

客家话中的“诸人”在作词尾表示人称复数后，其中“人”的实指义逐渐淡化消失，“诸”的复数义（表示多）得到强化；同时，“诸”起语法作用的位置也发生了根本的变化，由原来的前附于“人”转移变为后附于人称代词，这时，“人”就有了脱落的可能。当指称事物时，“诸”可直接附着在远指代词、近指代词和疑问代词等的后面，表示多，相当于“些”。例如：

①今日无闲，这兜事过几日再讲。（今天没空，这些事过几天再说）

②个兜无用个东西拿来丢撇知。（那些没有用的东西拿去扔掉）

③番片搭转柬多东西，揸兜系送人个？揸兜留来自家用个？（南洋捎回这么多东西，哪些是送人的？哪些是留给自己用的）

这些情况说明，“诸人”和“诸”在客家话里有了新的引申和变化。“诸”在一定程度上保留了古音，因此“诸”被写成了“兜”。综上所述，客家话的三身代词人称复数应写作“偃诸人”、“你诸人”、“佢诸人”。

“诸人”表示人称复数与“们”有所不同，表现为“诸人”只作代词词尾，不能作名词词尾；而“们”却可以跟表人名词构成“孩子们”、“朋友们”之类。这表明“诸人”的虚化程度还不够彻底，导致“诸人”的“人”在指称事物时脱落；而有“人”在时，不作表人名词的词尾。

三、“和尚”的俗词源探讨

“和尚”一般来说是对佛教人士的俗称，雅称有“僧人”。经过溯源探究，我们认为，“和尚”应是梵文音译和汉语“秃”字析形省称相统一的对从事佛教人士的一种称呼，词形从“禾上”到“和上”、“和尚”的变化，反映了汉民族接受外来宗教的心理变化过程。

看了储泰松先生的《“和尚”的语源及其形义的演变》，同其他一些文献资料对照，觉得关于“和尚”一词的来历，还可从传统文化风俗对语言的影响方面作些补充说明。

佛教从印度传入中国，著名的唐僧取经故事有声有色地演绎了这个过程。“僧”是梵语 Sangha 音译僧伽的略称，所以，古书中的记载有“僧”、“高僧”、“僧人”等。从《晋书》开始，也出现了“和尚”这个词，来称说这类专门从事佛教的人士。探求“和尚”这个词的来源和词形变化，可以看到民俗文化对新词产生的影响，也可以反映汉民族接受外来佛教的心路历程。

《汉语大字典》：“《说文》新附：僧，浮图道人也，从人，曾声。①指出家修行的男性佛教徒，俗称‘和尚’。”

黄钊的《石窟一征·卷七·方言》曰：“和尚曰禾上。按此大有意义，盖秃字禾在上也。《说文》：‘秃，无发也。王育说，仓颉出见秃人伏禾中，因以制字。’又徐锴曰：‘言秃人，发不纤长若禾稼也。'则和尚之应呼为禾上，不为无据。疑当日本名禾上，而秃辈自以为和尚也。观陶宗仪《古刻丛钞》，唐故凤光寺俊禅和上之墓铭，称为'和上'可见。"

古文"秃"、"秀"同形，"秃和秀古文其实是一个字。从秀得声的'透'读舌头音，而今北方人秃顶犹称秀顶，均可证明秃和秀古读无别，二字不仅同字，而且同词。秀为不荣而实"。① 其字从禾从人，禾在人上。

据《周礼》记载，上古有髡刑，是把犯人的头发剃光的一种刑罚，说明剃光头在汉民族观念中从古就不是好事。身体发肤，来自父母天然，不能轻易损毁，而入寺为僧要剃度，变成光头，自然不为古人认可。另外，佛教作为一种外来宗教，开始传入时必然受到抵制，人们认为佛教人士"不忠不孝，削发而揖亲；游手游食，易服以逃租税……布施一钱，希万倍之报；持斋一日，冀百日之粮"。② 因而对他们不是那么恭敬，暗地里称他们是"秃"、"秃丁"、"秃人"。唐朝寒山的诗云："供僧读文疏，空是鬼神禄；福田一个无，虚设一群秃。"（据《汉语大词典》"秃"字条）而明里则碍于社交场合的礼貌，不能叫秃子，《汉语大词典》："秃，詈词。指僧侣。"于是称呼他们采用对"秃"的拆字法以避讳：禾在人上——禾上，既暗含了对僧人的讥讽，又与梵文 upadhyaya 的音译转音讹变声音相合（储泰松指出，"和尚"的梵文音译词形依次有"和上"、"和阇"、"和尚"、"邬波第耶"）。这样从析字称说开始，而后发展为同音通假，有了"禾上"→"和上"→"和尚"的变化。"和尚"取代"禾上"，由客观的避讳称呼到带有主观的尊敬意味。这一变化，反映了佛教传入中国后有一个逐渐为人接受的过程。因为"和"和"尚"从单词意义来说，都是好字眼，

---

① 尹黎云：《汉字字源系统研究》，332 页，北京，中国人民大学出版社，1998。

② 程裕祯：《中国文化要略》，109 页，北京，外语教学与研究出版社，1998。

“和”是和睦、谐调，“尚”是崇尚、尊重。只是“禾上”一形少见，有待进一步考证。“南北朝以前基本上用‘和上’，唐以后多用‘和尚’。”[①] 因此，“和尚”应是梵文音译和汉语“秃”字析形省称相统一的对从事佛教人士的另一称呼。

从地名也可看到“和尚”词形的变化。“头顶潘厝庵，脚踩禾上庄。何人对得上，九鼎十三缸。”[②] 这是武夷山流传的一首暗含“金谜”的古老歌谣。福建武夷山市武夷镇有个“禾尚庄”，据当地的一位老人说，就是因明清时期和尚聚居此地而得名，当年武夷岩茶十分兴盛，创办茶厂和管理茶山的大部分是和尚，因此武夷山留下一句古话，“十个茶厂，九个庙宇”。一些和尚住在庙里，一些和尚和雇工住在茶厂，众多和尚居住的地方就称为“禾尚庄”。[③] 禾上庄、禾尚庄都因当年和尚群居而得名。

“和尚”源出因避讳而用拆字法之省称，与梵文俗语形式的音译巧合，[④] 词形的变化合情合理。随着时间的推移，“僧”和“和尚”也有了雅和俗的分工，在使用上形成了书面和口头表达的不同，“僧”是雅言，“和尚”是俗语；“僧”的文言色彩较浓，“和尚”一词显得更通俗、口语化。这也正好对应了梵文的俗语形式。

客家方言“和尚”语音为［vo shong］，而单说“禾”音为［vo］，“和”音为［fo］，也可间接证明黄钊“和尚”源自“禾上”的观点。

古代民间流传不少用关于“秃”的拆字谜联表示对佛教人士的讥讽。苏轼跟和尚常有亲密的交往，传说他曾作隐含“秃驴”字谜的对联讥讽一寺庙里品行不端的主持：“日落香残，去掉凡心一点；火尽炉寒，来把意马牢拴。”还有一次经过寺庙，他看见一住持正虐待小和尚，于是借对方请他题词之机疾书一联：“一夕化

---

①④ 储泰松：《“和尚”的语源及其形义的演变》，载《语言研究》，2002（1）。

② 邹全荣：《武夷山“金谜”漫谈》，载《闽北日报》，2001年12月12日。

③ 据2006年9月10日，福建武夷山市武夷街黄柏村委会老许的调查来信。

身人归去，千八凡夫一点无。”暗含了“死秃”二字。王安石也曾著《字说》的谜语专著，传说米芾巧借《莺莺传》赋一字谜向王安石求教：“莺莺小姐去上香，香头插在几案上，近看好似张秀才，远看却是一和尚。”谜底也正是“秃”字。可见人们私底下确实常用“秃”来或取笑或詈骂僧人，而“秃”字的分解“禾上”则满足了公众交际的需要，而后的词形变化也顺理成章。

四、罗翙云《客方言》的训诂研究及其意义

罗翙云是早期较全面地进行客家方言研究的学者，《客方言》是他代表性的研究成果。《客方言》的成就在客家方言研究的历史进程中具有总结和开拓的意义。

罗翙云（1868—1938），字蔼其，号退圃，广东兴宁（今兴宁市径南镇星耀村）人。光绪二十九年（1903）乡试中举，曾任内阁中书。辛亥革命后（1915）回乡开办遁夫山房，授徒讲学。1927 年，受聘为中山大学文学教授，讲授语言文字训诂等课程。著有《客方言》，成书当在 1922 年或之前（章炳麟作序于 1922 年 6 月），但“中多僻字，非寻常字粒所能取办，随排随铸，殊费时日，是以难也”（罗翙云），囿于当时的刊刻条件，至 1932 年才列为中山大学国学院丛书第一种出版。

作为客方言研究的先行者，罗翙云的《客方言》一书面世前后即引起人们的注意。章炳麟为本书作序说：“广东称客籍者……以言语异广东诸县，常分主、客，褊心者或鄙夷之，以为蛮俚，播之书史。自清末以来，二三十年中，其争益剧。余独知言蛮俚者为诬，常因其方志为《岭外三州语》，盖本之温氏书，犹未完具。最后得兴宁罗翙云《客方言》十卷，所记逾于温氏盖三四倍，上列客语，下以小学故训通之，条理比顺，无所假借，盖自是客语大明，而客籍之民亦可介以自重矣。”给予《客方言》很高的评价。罗翙云在家乡设馆授徒时的得意门生、时任中山大学教授的古直在 1929 年也写文章介绍了这部当时未刻之书，认为“其分类略同《新方言》”，并作按语说，“客方言之研究，萌芽于黄香铁先生，

成就于温慕柳先生，而罗先生生二君之后，穷研故训，益光大之，允所谓集大成者”。据文献记载，罗翙云当年跟罗师扬、罗斧月、古直等客家籍的学者同仁，在书信往来、日常交流和著书立说之间，常常论及客话源流、考音训诂之事。《客方言》也从成书时的十卷到出版时增补为十二卷。

（一）《客方言》是早期客方言研究的集大成者，第一部较为规范和条理贯通的客家话词典

早期对客方言自觉进行研究的，当推成书于嘉庆道光年间（1821）黄钊的《石窟一征》，全书九卷中用二卷的篇幅来叙录客话方言词汇，收了近400个词。其后是光绪年间（1898）温仲和的《嘉应州志》，其卷七“方言”收近300个词，实际上是在黄钊的《石窟一征》中两卷“方言”的基础上而成，只是由于收词宗旨略有不同，温仲和以古音为主，“俾览之者知客话源流之所自焉”，因对黄钊之书“酌择可用者入之，其他服物器用鸟兽虫鱼之名，多因时因地而异，今皆略之”。两书注重释客话词语，难僻字才用直音或反切注音，并都录有十几条民间谚语，目的在于记客家之“言”。

其后有光绪三十三年（1907）杨恭桓的《客话本字》，可以说是第一部客家方言词典，它收词的原则是“多向疑土谈有音而无其字者”（《客话本字·例言》），并非要收所有客家话语词，词条分双字、叠字、单字、补遗四个部分，各部又按部首排列，共收1 100多个词。《客话本字》的特点是试图用以《广韵》为代表的中古汉语系统作为考察客家方言土语的准绳，上溯古代经、史、辞、韵书，一字一词地对照古代汉语与客家方言之间的关系和变化。

1909年，章炳麟作《岭外三州语》，针对当时对客家之源的种种议论，“隘者且议其非汉种”，“因刺取二家言（指温仲和、杨恭桓的著作），凡六十余事，颇有发正，别为一篇。察其语柢，出于冠带，不杂陆梁鄙倍之辞，足以斥攻者褊心之言，则和齐民族所有事”。经比较对照，章炳麟所举63例客家话词语均出自温仲和、杨恭桓之书，只是在释词侧重有所不同。温仲和、杨恭桓重录客家话之音义，如杨恭桓在《客话本字·例言》中所说，意在说明其所录音义悉有所本，行文中未注明出处，只是务求简明，“兹取原切原音与土谈适合者仍之，其不合者，唯取土谈共读字以音之，或切之先用原切，后用土音”。章炳麟则在每一词条开头即点明温仲和、杨恭桓二书未说明的出处，然后是笼统解说“三州谓～曰(为)～”，称客家话为三州语，解词内容实际上是对温仲和、杨恭桓二人之文的概括。

以上研究客方言的各书，专注于收客家之言中，可与古代文献相对照来说明客家话本中原之音的词语，其说明解释稍嫌简略随意，也还没有从客家话的角度注意收词范围、释词方式、编排体例等的科学规范。其后罗翙云的《客方言》，从目录上看，即与早期的词书《尔雅》相近，其分卷名目，也大部分与章炳麟的《新方言》相同，共十二卷，分类为：释词，释言，释亲属，释形体，释宫，释饮食，释服用，释天，释地，释草木，释虫鱼，释鸟兽。全书用以古证今、以今证古的方法，对971个客家话常用词语分门别类进行了详细的诠释。首先，解词释义的术语和方式，也注意了全书的统一。如“释词”卷以虚词为主，词条术语是“释～”，“～”为客家话被释词；“释言”卷以解释名词、动词、形容词等实词为主，“释言”之后，词条术语是“～曰～”、“～谓之～”，前“～”为通语解释语，后“～”为客家话被释词；卷十之后，词条术语大都为“～，～也”，前“～”为被释词，后“～”为解释语；“释亲属”之后，是解释各种名物的部分。这样的编排和注解方式，跟之前有关客方言研究的著述相比，首先注意了收词的范围、收录的条件，注意了分门别类，所收词条如《客方言·例言》的说明，是以客音为限、词义不能直解而要引古籍证明者。其次，注意释词方式的前后一致，词条之下，紧接着的释词内容顺序一般是说明音读，引证古书，尽可能详细地以古音古义说解贯通客家话的音义。再次，讲求“语必有根”，做到所录的每一个词条，在古书中都找到例证，相当部分还一再而三，辗转求证。据统计，书中引证的各类古籍近200种，内容之丰富，几达到罗翙云自己所说“百家诸子皆我注脚”的境界，表现了作者较深厚的古文修养。

罗翙云注意吸收前人著述的优点，又有自己新的发展，特别表现在释词音义例证的详细和切实。与温仲和、杨恭桓之书相比，《客方言》对所引古人注解清楚说明了出处；用客家话例证说解的内容也比前人丰富翔实，说解文字也较为规范。例如，“淈”、“覂”两条跟杨恭桓、章炳麟之书所释比较：

淈

①音骨，骨音若刮，浊也，乱也。俗谓水淈浊，水淈秽，正合。州俗口音虽随便出口，皆实有其字也。(杨恭桓《客话本字·单字》)

②《说文》：淈，浊也。古忽切。三州谓水浊曰淈浊，亦曰淈秽。(章炳麟《岭外三州语》)

③状水之浊曰淈浑　《说文》：浑，一曰洿下貌。“溷”下云：一曰水浊貌。是溷为正字，浑为通假字。淈，浊也，孙音古忽切，声近骨。客音转为孤滑切，或转为孤勿切，无以下笔。(罗翙云《客方言·释言下》)

对比《客话本字》和《岭外三州语》“淈”字例，罗翙云注意了客家话的注音，更贴近语言现实。“淈”在今客家话中已不能单用表示浑浊义，而虚化为副词表修饰，相当于“很”，跟“浑”组合表示水浊，如本词条“淈浑”，即很浑浊之义。其他如“淈浊”、“淈秽”、“淈恶”、“淈大”、“淈好”、“淈得人恼”，都是客家话的日常口头语。

覂

①封上声，反覆也。今人用器所装之物，不要而掷之曰覂了，俗呼最合。亦作泛，如云泛驾之马是也，泛为假借字。(杨恭桓《客话本字·单字》)

②《说文》：覂，反覆也。方勇切。引申为弃。《广雅》：覂，弃也。三州谓擿弃为覂。(章炳麟《岭外三州语》)

③倒出曰覂出 《广雅》：覂，弃也。王疏云：谓败弃之也。《说文》训为反覆。字或作泛，《汉书·武帝纪》：泛驾之马。泛与覂通。又或作乏，《庄子》：子往矣，无乏吾事。《释文》云：乏，废也。乏与覂亦声近义同。今谓物贮于瓶倒而出之曰覂，此《说文》反覆之义也。无用之物委弃于地亦曰覂，则《广雅》败弃之义。皆读方勇切，音俸上声。（罗翙云《客方言·释言下》）

对比《客话本字》和《岭外三州语》“覂”字例，罗翙云文补充分析了通假字的例证；详细解释了“覂”的本义和引申义在客家话应用时的细微差别。

罗翙云在《客方言·自序》中对在他之前的客家话研究作了较为客观的简单总结，他认为，“明客方言者，始镇平黄香铁《石窟一征》，事仅椎轮；梅温慕柳撰次《州志》，因式廓之。黄氏之书，以字名为主；温氏之书，以古音为主，视黄氏靓审。杨恭桓者，亦梅人，作《客话本字》，但比附声合，义鲜贯通。章氏刺取温杨二家言六十一事，为《岭外三州语》，附于《新方言》之后，其所发正蕴毕宣矣。虽传闻异词，偶有不照，顾其表章客音，和齐民族，厥功甚伟”。对自己的著作也作了评述，“余为此书，用章义例，或有通变，不越前轨”，“未敢自谓悉合。虽然，向壁虚造，望文生义盖不敢出也”。短短几句，表明了自己认真做学问的态度，同时也说明自己在前人基础上讲求实证，有所发现的实际情况。

（二）《客方言》从理论上较系统地探讨、总结了客家方言和上古音的联系，形成相对应的九个观点，说明了客音存古的现象和反证清人关于上古音的一些论断

以中古的音韵研究为基础，结合先秦文献的实际上推古音，以图重建上古音系统，明清的学者为此做了大量创造性的工作。早期对客方言进行理论研究尝试以证明客音存古的杨恭桓和罗翙云，注意借鉴明清语音研究的成果，归纳总结出一些客方言与上古音之间的对应规律和相同相通之处。

杨恭桓写了《客话源流多本中原音韵考》的文章，附在《客

话本字》词条部分之后，就客家话的源流、语音特点等规律，以古书中的例子为佐证，来证明“客话本中原之音”，可算是较早的关于客家话源流特点的学术论文。文中用当时的客家方言现象去说明、印证古代音韵学的相关理论，说明客家“语言之特别，多合中原之音韵，尤确而有征”，保留了不少上古汉语语音。例如：

“若夫知呼为低，飞呼为卑，中呼为冻，负呼为闭，扶呼为蒲，房呼为旁，分呼为奔，舞呼谟上声，问呼门去声，望呼亡去声，此正合《广韵》交互类隔之一说。”按：“《广韵》交互类隔之一说”和所举例，正说明客家话语音的一个特点，即相当一部分词语保留着上古重唇音和舌头音。

杨恭桓认为，诗韵三“江”，古通“东”、“冬”，不仅从古谚“五经无双许叔重”，“双”与“重”韵，“天下无双，江夏黄童”，“双”与“童”韵得到证明，客家话的“双”、“艭”、“窗”、“幢”、“撞”等多从“东”韵读，也正是汉以前古音。

杨恭桓考察“庚”韵诸字多从“阳”韵偏旁得声，认为“庚”、“阳”上古音相通，而客家话于“庚”韵中的许多字都读为“阳”韵之音，“此则保存古音，征于一韵者也”。根据《汤问》、《淮南子》、《诗经》等的押韵情况和客家话的读音，也可说明上古“庚”韵与“东”、“冬”韵相通。

杨恭桓在《客话源流多本中原音韵考》中提到的客家话对上古语音的保留，在罗翙云的《客方言·自序》中都得到进一步的阐述和发扬。罗翙云在此基础上更有自己的发现，《客方言·自序》就是一篇论及客方言语音存古的论文，其中论及客家话与古代语音相通相同之证据，条理分明地归纳为八个方面。罗翙云直接引用明清学者有关上古音研究的结论，跟客家话音互相引证，厘清线索和其中规律，用活的语言反证了古代语音的情况，也从内容上证明了明清研究者的一些观点。故归纳列举如下：

一是舌上音归为舌头音。

二是轻唇音读入重唇音，客家话有相当多的例子可以证明。钱大昕曰：“古音字纽有端透定，无知彻澄；有帮滂并明，无非敷奉微。”罗翙云补充了客家话不少词例，如谓值为抵，谓中为东，谓至为鼎，谓涿为笃，谓粪为笨，谓斧为补，谓肥为皮，谓尾为米，谓无为茅等，都“与钱氏之说符”。钱大昕在宋人交互类隔之说的基础上，提出的古无舌上音和古无轻唇音的观点，罗翙云用客家话许多例子进一步证明。

三是客家话的“尔”、“乳”（读能去声）等读泥母，“尼”、“柅”、“怩”、“呢”等读同泥音，“然”、“而”、“如”、“若”、“让”、“辱”等归影喻，“饶”、“肉”、“人”、“忍”等读疑母。罗翙云列举了这些中古属日、娘纽字的例子，说明“客人不能作日纽”，客家话一部分娘纽字归泥，“大抵客音读娘，概与疑混用，疑母不必用娘母”。证明了章炳麟的古音日纽、娘纽归泥之说。

四是用客家话中后鼻音字相当部分读入前鼻音、前后鼻音相混的事实，证明上古音现象。文中考客音耕、清、青韵诸字与真、臻韵诸字读音无别，来说明顾炎武所说中古“真、谆、臻，不与耕、青通，然古人于耕、青韵中字，往往读入真、谆、臻”，此“非三百篇之正音，抑亦秦汉之古音矣”。

五是客家话庚韵字不少读入阳韵。罗翙云列举了上古大量韵文的例子，包括《诗经》、《楚辞》、《庄子》、《荀子》、《说文》等，说明“庚阳不分，于古有征”。而客家话“迎读如娘，庚读如刚，氓读如忙，阬、行读如杭，横、衡读如王，入阳韵矣”，证明“客音存古”。

六是客家话江部字多读入东韵，与上古例同。文引各种辞书和文献，对照客家话的读音，如“窗”、“聪”同音，从双得声之字、从空得声之字并韵东等，证明段玉裁“江韵今音近阳韵，古音同东韵”的观点。

七是考今客家话完全保留了闭口韵，印证了段玉裁“今音多侈，古音多敛”之说。如“侵、覃、谈、盐、添、咸、衔、严、凡，古皆闭口音也”，“惟闽广及浙之温州等处，犹有闭口音。而客音于此九部之字，全读闭口，是尤古音之遗而未经迁者也”。

八是考长乐（今五华）话没有去声，凡去声字皆转为上声，来证明段玉裁的“古无四声，仅有平上入三声”之说（按：今五华话是浊去读上，清去仍去，上声字多的特点十分明显）。

九是除了《客方言·自序》提及的八条对应规律，从《客方言》中对词语的解释还可看到作者总结的另一条客家话语音规律：“客无撮口音”。现今客家话仍无撮口音，符合宋元时人对古韵只分开口、合口的认识。所以，从这一点上也看到客家话对古音的保留。例如：

①黠慧曰鬼 ……《嘉应志》以为土音读黠如挖，非其音也。挖乃䵷之借声字……䵷，《唐韵》雨逼切，土音不能作撮口读，合口为乌咽（烟入声）切，然仍是同纽音转……(《客方言·释言上》)

②户枢曰门柱子　谓柱声如抽，入尤部，此即枢字也，《广韵》：枢，昌朱切。客音无撮口，遂切枢同抽，自读书者读枢如区（客音同欺）。枢之本音变，即枢之本义失，并枢之本字亦晦，通以柱当之，不悟柱无摇动谊也。本音本义本字，俱赖方言存之。(《客方言·释宫》)

论及客家语音的存古，在早也有不少，如黄遵宪的“筚路桃弧展转迁，南来远过一千年。方言足证中原韵，礼俗犹存三代前”(《己亥杂诗》)。他还说：“有《方言》、《广雅》所不能详注，而客话犹存古语者，有沈约、刘渊之韵已误，而客音犹存古音者。”(《书林太仆客说后》）林达泉也说：“客音为先民之逸韵。”(《客说》）罗翙云在文中讨论客音存古的原因，在于“客之先自中原转徙而来，凡土田肥美之乡，水陆交通之会，皆先为土著占据，故所居多在山僻，陵谷隔绝，山川间阻，保守之力，因之益强”，致使其语言“尤多周秦以后、隋唐以前之古音”。难能可贵的是，罗翙云充分运用了明清语音学大师研究古音方面的成果，将它们与活的语言相比较对照，条理贯通地归纳总结了客家话语音存古的种种特点，一方面，从客家方言的角度证明了上古语音；另一方面，也使人看到客家语音的存古程度，看到古今的联系和变化。与杨恭桓的文章相比，罗翙云更注意作文的规范，行文时将其引经据典的来龙去脉一一交代清楚；同时注意较全面地去总结客家话与古音之间的对应规律。罗翙云的成果为后人的客家话研究提供了相当的理论基础，在以后有关的文章和著作中，一再看到相关的引述和讨论。

同时，在对全书各词条的解释过程中，罗翙云总是注意具体说明哪些词语保留了古音，与文中的理论阐述相呼应，让人可从中看出客家话语音存古的词语系列，加以总结归纳即可成系统词汇。

（三）《客方言》较好地利用明清学者的研究成果，多采取词汇训释"因声求义"的训诂方法，在解释词义时形成自己的特点

清人运用因声求义的方法，在寻求本字本义方面取得新的突破，解决了很多问题。章炳麟也指出："中国方言，传承自古，其间古文古义，含蕴甚多，而世人不知双声相转、叠韵互变之法，甚有其语而不能举其字。"他在进行方言研究时注意运用以声音通训诂、古今音转的方法，来寻求方言和古代的词语之间的联系，取得了不少成果。这种做法也为罗翙云吸收，成为《客方言》重要的研究方法，罗翙云认为："语言迁变，皆以双声，汉人所谓声相近也。"（《客方言·例言》）这在行文中随处可见罗翙云利用双声之变来解释客方言词汇的本字本义之所在，说明客方言源出古语。例如：

释脉介　不知而问曰：脉介。指事与物而言，犹通语曰什么也。至不知其人则问曰：满人。脉与满，皆某字之音变。某为发声词……介为故声之转……是脉介，即某故；满人，即某人。脉、满与某，同入明母；故与介，同入见母，皆以双声相转……（《客方言·释词》）

按：罗翙云认为，"脉介"就是"某故"，因脉与某、介与故声母相同，引起音变导致形变。

满手曰一也　《仪礼·丧服》传：朝一溢米。《释文》引王肃、刘逵、袁准、孔伦、葛洪注：满手曰溢。《小尔雅》：一手之盛谓之溢。今谓满手为一溢，读如也（方音读也，如正音哑字）。溢与也，亦双声之转。（《客方言·释言下》）

按：罗翙云认为，“一也”就是“一溢”，也、溢同属余母，引起音变。

谓可怜曰才过　才过者，凄苦之转语，《说文》：凄，痛也。《广雅》：凄凄，悲也。悲亦痛，是凄苦犹痛苦，倒言曰苦痛。《吕览·博志》篇云“苦痛之”，注：悼也。悼训哀、训伤（并《广雅》），又训怜爱（《曲礼注》）。今俗谓可哀伤者曰凄苦，谓可怜爱者亦曰凄苦，声皆如才（土音阴平）过。（《客方言·释言下》）

按：罗翙云在注音时，常用括号进一步注明正确的音读，如用“土音”说明客家话的读音，用“正音”说明当时或之前共同语的读音等。

罗翙云还用“声转”之说、古音保留等来说明客家话同音词的情况，较为客观地寻求它们的不同来历，证明各自不同的语根。例如下面两组同音词：

①释被　章太炎曰：“被，词之受也。《广雅》：被，加也，凡受人所加曰被。”（见《新方言》）今俗谓受人所加曰奔。如受人所欺曰奔人欺，受人请曰奔人请。奔即被之声转。与分曰奔者，语根各别。（《客方言·释词》）

②以物与人曰奔　《广雅·释诂》：分，予也。《左传》：分贫振穷。注：予也。与、予古同声通用。今谓与曰分，声如奔，古无轻唇，分本读若奔也。分、贲声近。《礼·射义》：贲军之将。《诗·行苇》传引作“奔军之将”矣。《周礼·司几筵》：设管筵纷纯。郑司农云：纷读为豳。故今俗语谓分亦曰豳，是皆古音存在之征也。（《客方言·释言下》）

按：表示受人所加和以物与人，客家话音相同，都是“奔”，罗翙云详细分析了它们各自不同的来历和原本词形，解释它们同音一个是因为双声引起音变，一个是因为保留了重唇。

①坠落曰得　得者，队之声转。《说文》：队，从高陨也。《左传》：俾队其师。《杜注》亦以队为陨。字亦作坠，《尔雅》：坠，

落也。何休《公羊》注：坠，堕地也。汉《陈球碑》：不队前轨。《棣释》云：队为坠。是队、坠古今字。《广韵》：队，徒对切；坠，直类切。古读徒如都，读直如特，则队、坠并切如对。队与得一声之转。(《客方言·释言下》)

②遗失亦曰得 《说文》：失，纵也，从手乙声。朱骏声曰：谓在手而夺去也（夺即脱）。今语在手之物无意脱去亦谓之得，与坠落义近而实微别，盖得即失之古音也。古读失如迭，《诗》：秩秩大猷。《说文》引作戴戴。戴与迭通，“胡迭而微”，《释文》作胡戴是也。《广韵·十六屑》徒结切出眣、昳、胅、迭、跌、轶、镻、闵、瓞、苵、跌、䟘、詄、泆、瓞、趃十六字，皆从失得声，以古，徒读如都，切之皆入端纽舌头，正作得音，则失有迭声无疑也。今谓物之失了曰得了，方音存古，读书者反茫然矣。(《客方言·释言下》)

按：表示坠落和遗失，客家话音相同，都是“得”，但代表不同的意义，前一个表示从高处坠下，后一个表示失去、丢失。罗翙云认为，它们一是因为双声音转、一是保留了上古的舌头音而成为同音词。

罗翙云还常常从通假字、或是合音析音的角度，引古书辗转说解词义。例如：

①众多曰穰 《尔雅·释训》：穰穰，福也。注：言饶多。《诗·执竞》传：穰穰，众也。单词同义。《汉书·张敞传》：长安中浩穰。师古曰：穰，盛也。字亦或为壤。《史记·货殖传》云：天下壤壤，皆为利往。壤壤即穰穰也。穰与壤，皆瓤之借。《说文》：益州鄙言，人盛讳其肥谓之瓤。《方言》“瓤，盛也”，是也。(《客方言·释言下》)

②释安 今俗语作诘问词，常言曰仰般。仰般二字即安字之合音，安为曷之借。《说文》：曷，何也。《素问·从容论》：又安足以明之。注：安，犹何也。《礼·檀弓》：吾将安仰……吾将安放。《左传》：史皇曰：安求其事，难而逃之。通以今语皆为仰般。盖

言有长短，即音有迟疾，疾则二字并为一字，仰般为安，犹邾娄为邹；迟则一字迤为二字，安为样般，犹邹为邾娄也。(《客方言·释词》)

罗翙云用清人的“实字虚用”来说明名词活用的现象，解释客家话中因词义引申引起词性变化的情况，引古书例来证明客家话自身的变化也符合汉语发展的一般规律。例如：

以鼻就臭曰鼻　案：《檀弓》：王事也，子手弓而可。《公羊·庄十三年传》：曹子手剑而从之。此以手执物即曰手也。扬子《法言》：子胥抉目东门，曰眼之。此以眼视物即曰眼也。又如以指示物即曰指，以耳闻名即曰耳，皆实字虚用也。以鼻臭物即曰鼻，盖同此例。《西京赋》：鼻赤象。此鼻字亦虚用，然其义别。(《客方言·释言下》)

罗翙云就是这样充分运用前人的研究成果，在解释词义时，注意从声音入手，多角度地求得证据，说明问题，形成自己著述鲜明的特点。诚然，作者在追寻词语渊源的过程中，还存在有滥用声转、牵强附会的现象，致使一些词语的注解出现错误偏差；编排体例有不一致的现象，如上举词条的解释有时用同音字“得”，有时又用本字“被”，等等。但瑕不掩瑜，《客方言》无疑是客家话研究史上最重要的文献之一。

从以上分析可以看到，早期对客家方言的研究，注意吸收前人音韵训诂的成果，注意利用古代文献，多从语音演变的角度考释词语的变化，探索词语渊源，兼及本字考证，到罗翙云集其大成，取得了可喜的成就，给后人留下了大量有价值的客家方言和相关文献资料。后人论及客家方言与古语古音的联系、客家话中的古语词及发展变化等历史源流的问题，所举理论根据或例证，往往可以溯本求源至《客方言》的内容，再难出其右。其后，从 20 世纪 20 年代末起，客家方言研究就逐渐跟上现代语言研究的大潮流，开始转向以语音研究为主，而后全面发展的新时期。

五、从《客话本字》看客家话的古汉语遗迹

客家民系由于历史上多次大规模迁徙的缘故，分布地区十分广泛。客家方言成为这个民系最明显的标记，因而客家民间流传着这样一句祖训："宁卖祖宗田，不忘祖宗言。"表明了他们对民系中语言传承的重视程度以及客家方言在他们心目中的地位。经过几代学者的研究，已确认客家方言是从古代汉语这个母体中孕育演变发展而来。而《客话本字》在揭示这种关系方面做了大量的研究和有益的探讨，为后来者打下了一定的基础。

《客话本字》的词条分四个部分：客话双字，客话叠字，客话单字，客话补遗。其中单音节词有 728 条，占词条总数的三分之二。双音词 282 条，叠音词 91 条，两项合计占三分之一。从这项统计可以发现，客家方言中单音节词相对比较多，符合古代汉语单音节词占优势的特点。

《客话本字》收词的原则，杨恭桓在"自序"和"例言"中说得很明白，并非要收全部客话语词，而是要收那些土谈中有音无字，即是与当时官话差异较大的语词。杨恭桓认为："嘉应所属之土谈，外境人皆称为客话，其语音之清正，与官话较近，比各处土音多不同，昔人谓为中原之音韵，可以想见。特间有有音而字不便写者，州人只以土谈括之，承讹除谬，一若实无其字者。"因此，他认真"考察字典（指《广韵》、《集韵》等）及《指掌图》、《切韵表》诸书，多历年所，始知吾州之土谈，悉有所本"。"今乃知客话之流传，悉从韵书而来。爰逐字详考，凡与土谈音义相合字，一一钩稽，不取疑似附会，惟在切实以推求。"在注音释义时，他注意了实事求是，先取韵书中音义相符合者，再以当时客话口语举例说明。如韵书中的音义与客家话有差异，则先引用再加以指出，并以客家话实际来注音释义。在对客家话溯本求源的过程中，杨恭桓将客家方言与古代汉语相对照，总结出一些对应规律，使读者可以从中进一步认识和了解客家方言的面貌和本质，以及它与古代汉语的关系。

其一，《客话本字》中词条的注音释义，是以《广韵》为代表的中古汉语为标准，“此编各字音义悉有所本，而《广韵》不注出《广韵》，《集韵》不注出《集韵》，并非掠美，务求简明”（《客话本字·例言》）。可见当时的学者心中一样有学术规范，那就是不能把别人的成果掠为己有，所以杨恭桓在《客话本字·例言》中先作声明。除了《广韵》、《集韵》以外，《指掌图》、《切韵表》等，都是作者引证查实的参照。作者在这些书中“取原切原音与土谈适合者仍之”，然后再予解释说明。从这种注音释义的方式可以看到，词条相当部分还保留了中古汉语的音义，使客家方言的面貌与中原汉语发展的方向有所不同。下举几例与《广韵》对照：

勪：苦骨切，坤入声，力作也，用力也。俗谓尽力勪，尽死勪，即此字。（《客话本字》）

《广韵》：矻，苦骨切，力作也。

按：两书音义相同。

淈：音骨（骨，古忽切）。骨音若刮，浊也，乱也。俗谓水淈浊，水淈秽，正合。州俗口音虽随便出口，皆实有其字也。（《客话本字》）

《广韵》：淈，《说文》浊也，古忽切。

按：两书音义相同。

勪，音瞎（瞎，许辖切），闲入声，用力声也。今人挑担气急不顺，必呼勪勪然。（《客话本字》）

《广韵》：勪，许辖切，力作勪勪。

按：两书音义相同。

咄：当没切，敦入声，相谓也。今人己不知而人通知之曰咄吾知，己难言而人挑其言曰咄吾言，即此字。（《客话本字》）

《广韵》：咄，喝也，当没切。

按：两书音相同，词义从喝到相谓，即带有提醒的意思，说话的语气变轻了，稍有差异。

其二，杨恭桓在词条部分后面的《客话本字·附记》和《客话源流多本中原音韵考》中，将客家方言与上古到中古汉语的变化作比较，在前人理论的基础上，总结出客家方言在音韵方面的一些规律性，指出了客家"语言之特别，多合中原之音韵，尤确而有征"，其中值得注意的，是保存了不少上古汉语语音。

杨恭桓说："客话土谈，如飞呼作卑，知呼作低，扶呼作蒲，方呼作帮，房呼作旁，问呼作门去声，望呼作亡去声，分呼作奔，又呼作宾，攀呼作班，中呼作冻，舞呼作姥，纺呼作匹奖切，即宋人《广韵》交互类隔之说也。盖飞字本轻唇非母，转呼重唇帮母；知字本舌上知母，转呼舌头端母；方字本轻唇敷母，转呼重唇帮母；扶字本轻唇奉母，转呼重唇并母。如此类者，不一而足，姑举数端，以例其余。"他说的"宋人《广韵》交互类隔之说"和所举的例子，正是客家方言语音的一个显著特点，即相当一部分字保留了上古汉语的"古无轻唇音"和"古无舌上音"。

杨恭桓认为，客家方言中"江"韵字可通"东"、"冬"，"正汉以前古音也"。客家话"江"韵的双读若松，窗读若聪，如古谚"五经无双许叔重"双与重叶韵、"天下无双，江夏黄童"双与童叶韵一样，都是"江"与"东""冬"相通的例证。刘佐泉先生亦证实，《诗》双与庸、从叶韵，正合客家话读音。[①]

经查找，《诗·齐风·南山》有："葛屦五两，冠緌双止。鲁道有荡，齐子庸止。既曰庸止，曷又从止?"押韵字为"双"、"庸"、"庸"、"从"。从中古来看，"江"韵独用，是不能跟"冬"、"东"韵相押的。

客家方言"元"韵字中"门"、"存"等字读如"文"韵字，与《诗·郑风·出其东门》中"门"、"存"和"文"韵的云叶韵正好相同。这又是一例可证客话读音相当部分正合上古音。

---

① 刘佐泉：《客家历史与传统文化》，356页，开封，河南大学出版社，1991。

《出其东门》第一章："出其东门，有女如云。虽则如云，匪我思存。缟衣綦巾，聊乐我员。"押韵字为"门"、"云"、"云"、"存"、"员"。从中古来看，"元"、"文"韵也是不能相押的。

杨恭桓考察"庚"韵诸字多从"阳"韵字之偏旁得声，认为"阳"韵与"庚"韵，上古音相通。如盲、氓从亡，榜、蒡从旁，蝗、瑝从皇，镄、横从黄，亡、旁、皇、黄属"阳"韵，从其得声之字属"庚"韵。而客家话于"庚"韵中的许多字，都读为"阳"韵之音，"此则保存古音，征于一韵者也"。

《汤问》中"钟"、"荣"叶韵，《说文》："荣，桐木也。""桐，荣也。"叠韵为训。杨慎亦读荣为庸，并以《越绝书》、《淮南子》为证。客家话也将荣读为融，读音与上古例相同。

《列子汤问》："及秋而叩角弦，以激夹钟，温风徐回，草木发荣。"押韵字为"钟"、"荣"。从中古来看，荣从"庚"韵，跟"钟"韵不相押，融、桐属"东"韵，跟"钟"、"庚"也不相通。

《淮南子·礼俗》篇兄、同叶韵，魏源《诗古微》引《诗·大雅·皇矣》谓兄与冲、墉为韵。而客家话呼兄为凶。

《皇矣》句为："维此王季，因心则友，则友则兄，则笃其庆。载锡之光，受禄无丧，奄有四方。""帝谓文王，询尔仇方，同尔兄弟，以尔钩援，与尔临冲，以伐崇墉。"押韵字为"兄"、"光"、"丧"、"方"，"王"、"方"、"冲"、"墉"，杨恭桓所举押韵例从中古来看，兄属庚韵，"光"、"方"、"王"属阳、唐韵，"冲"、"墉"、"凶"属钟韵，同属东韵，它们是不能相通的。它们的用例补充说明了上述有关的情况，再一次证明了客家话中的上古音。

其三，杨恭桓在词条的注音释义过程中，举了不少上古文献的例子，来注解和对照客家方言的音义。通过这些具体的例证，进一步说明客家方言确实保存着一些上古的字音词义，词条中引用过的书目很多，有近50种，以经、史、韵书为主，用得较多的有《说文》47例，《方言》20例，《诗》9例，《庄子》5例，《论语》3例，《史记》4例，《礼》6例，《战国策》2例，《广雅》9例。

例如：

择

《诗》、《书》凡从睪得音者，古音铎。今人拣取诸物必择其佳者，呼若铎；而读书则从今音，说话则从古音也。

杨恭桓又在《客话源流多本中原音韵考》中有一段解释："采择之择，客人除读书呼贼外，凡男妇出口悉呼为铎，此正合《毛诗》古音，凡从睪得声者皆为铎音也。"这个例子有两重意义，一是择读铎音，是客话语音符合上古汉语无舌上音的个例，《广韵》："铎，徒落切"，是舌头音，客话口语中择字还保留了这个上古读音，而中古汉语中择字已经变为舌上音了。二是以择字的个例说明了客家方言中存在的文白两读的现象，即一个字在口语中保留了上古音，读书音则随汉语系统变化而变化，形成了两种读音的不同。

负

"负"字本房久切，又古音付，一音佩。州人呼为闭，如负人、负债是也。

按："负"字也存在文白两读，负担读轻唇音，负重物读重唇音。这种两读现象在唇音和舌音表现得最为明显，唇音和舌音到中古分别分化为重唇、轻唇和舌头、舌上，于是表现在客家话中是口语音保留了重唇和舌头音，读书音则变化为轻唇和舌上音，所以杨恭桓举出不少这类例证，《客家风华》第五章"客家语言"也举了一批例子，可供参考。相比之下，可能是口语处于较封闭自我发展的环境，而读书音受外界影响较大的缘故。

子息

"子息"二字出《东观汉记》："此盖我子息也。"州人称子息，由来久矣。

按：子息即子孙，《魏书・世祖纪》："今制自王公以下至于卿士，其子息皆诣太学。"客话口语闲聊中常有对人称说自家子息如何如何。

相竿摩

“相竿摩”三字出《董卓传》(《后汉书》)，竿通干，竿摩犹干劘，言其相迫近也。俗以事干人者，人问之曰有相竿摩。俗话有因，竟如此古雅也。

按：客话口语中至今遇事仍常问人有相竿摩。

菲薄

《论语·泰伯》：“菲饮食。”何晏注：“菲，薄也。”俗于极薄之物曰菲薄，有由来也。

按：这个形容词现在客话口语仍常说，屈原《远游》：“质菲薄而无因兮，焉托乘而上浮”，诸葛亮《出师表》：“不宜妄自菲薄”，《方言》亦作“菲，薄也”，郭璞注“谓微薄也”，与客家话意义相同。

薮

音叟。鸟兽所栖止曰薮，因而凡鸟薮、鸡薮、狗薮、蜂薮皆谓之薮，呼若斗。

按：客家话薮读若斗（去声），仍读舌头音，亦保留上古的意义，如章太炎的《岭外三州语》所考：“《毛诗》国风传曰：薮，泽也，禽之府也。《韩诗》说禽兽居之曰薮。《考工记》注郑司农曰，薮读为蜂薮之薮。三州谓鸟巢曰薮，鸡伏卵曰伏薮，虫窠亦曰薮。”汉代就有作为禽兽居所的薮了。《广韵》的音义为“薮，泽，苏后切”，与客家话的音义不同。

其四，杨恭桓在研究和对比中，发现“有《方言》、《广雅》之注未详，而客家方言尚留古语者”。一些客家话常用的词语，在古代的辞典韵书中也难见到，现在看似毫无根据，是客家方言特有的，却可以在古代的文献中找到它的语源，来证明它并非有音无字，而确是保留了古代的意义和用法。这在《客话本字》中也可以找出不少词条作为例证。

一欢

唐乐府诗（陆龟蒙《山阳燕中郊乐录》）“蒲帆浑未织，争得一欢成”。今被、褥、帘、席诸物皆言一欢，有由来也。

按：“一欢”是数量词，陆龟蒙用来指称一种用蒲草编织的帆，而客家人今天仍称一床被子、一张草席为“一欢被”、“一欢席”，保留了书中所指的用法。

瞴

《本草序例》：“目辟眼瞴，有五花而自正。”并无音切。但今谓人眼昏花为目瞴瞴，或曰瞴目。瞴当音雖，雖音若西，正合。

按：《康熙字典》引此例时亦注“音未详”，客家话却至今常说这个词，称人眼花或因光线直射难以睁开为“目瞴瞴”或“眼瞴瞴”。

从以上对《客话本字》的分析可以看到，客家方言虽经脱离母体发生变化而成，但客家民系对自己语言的保守性，使它保存了不少的古汉语音读与词语。通过对这本书的研究，可以看到客家方言的存古程度，有利于辨清客家方言的源流和变化，同时，也可以反过来看到汉语发展变化的一些踪迹。

六、“缅”的意义源流演变探析

粤东客家话中的“缅”是表示思考、想念、惦记等意思的常用词。根据词义的发展演变轨迹，本文认为粤东客家话中表示“思”、“想”义的“缅”源自古代表示“细丝”义的“缅”。

粤方言、客家方言、潮汕话三种方言关于“思考”、“想念”、“惦记”等义各用不同的字来表示，潮汕话（属闽方言）是“想”，粤语（属粤方言）是“谂”，客家话是“缅”。潮汕话的“想”跟今天的普通话没有什么不同，粤语的“谂”在清代钱绎的《方言笺疏》中也将来历说得很清楚，“念者，《说文》：‘念，常思也。’……《释言》：‘谂，念也。’《小雅·四牡》篇：‘将母来谂。’《毛传》用《释言》文。鲁语曰：‘使吾无忘谂。’谂与念亦声相近”。有人也提出这个字应该是“恁”。“想”和“谂”、“恁”都有“心”，符合造字时关于心是思考器官的认识。唯独客家话的“缅”，字形跟“心”毫无关系，却是客家人表示“想”义的常用字，写起来是这个字，说起来是这个字音。如俗话说："缅哩皇帝缅神仙，缅哩神仙缅上天。"是说人的欲望是无止境的，实现了一个不满足，又想着另一个。平时问对方想不想念自己："你缅唔缅倨呀？"客家山歌特别是情歌里头，更是少不了用到"缅"，来表达相思之情，如"千人万人倨唔缅，单缅亲哥一个人"、"郎就缅妹妹缅哥，两人交情受奔波"。除非是读书音，否则，离开了"缅"字，客家话就很难自然顺畅地表达思索、怀念、惦记的意思。

"缅"字的"想"义从哪里来呢？查检《说文》，内中的解释是："缅，微丝也。从糸，面声。"《六书故》："今之络者，别其丝最细者为缅，次曰大缅；凡缅，以为纬。"都说明"细丝"是它的本义。古书中用本字本义的例子有，《南齐书》卷十一："环�像缀，缅密丝簧。"明朝吴敬所的《国色天香·笔辩论》："凡我之功，远者，近者，人所共知，不待缅缕，近在子身，何独未喻？"但总的来看，用本义的地方很少见，这个意义跟"想"也联系不起来。但是考察"缅"字意义的发展变化过程，就会看到，它是如何从"细丝"开始，通过本义的引申衍化，词义之间的互相影响，从而生发出"想"义。发展到今天，这种用法和意义只留在客家话里，在普通话中反而不见了踪影。

检索大量的古代文献，会发现"缅"字用得最多的是表示"细"义和"远"义，这两个意义，是从本义"微丝"并列引申出来的，微即细，丝使人联想到长而远。古书中有许多这样的用例。

"缅"为"细"义。例如：

①伏愿缅鉴无辜，稍宽非罪，俯矜微款，以顺人情。(《资治通鉴·唐记》)

②村中有巫走无常者，讷途遇之，缅诉曩苦。(《聊斋志异·张诚》)

③乃问宫中事。女缅述，津津可听。(《聊斋志异·林四娘》)

④女问之，公缅述颠末。(《聊斋志异·黄九郎》)

⑤回家向母缅述其事。(《彩凤》卷二)

⑥那管船的便前后左右细缅地看了一回，并没有出路，就是舱

上首篷窗上的销钉却没有了。(《诸公案·李公案》第六回)

⑦女缅陈其详，妪曰："在此美志，应有此善报也。"(《刘妪》卷三)

《汉语大词典》里的解释是"缅述：尽情叙说，备述。""缅诉：备诉。"其实追本溯源，"缅"在此作引申义"细"解更准确一些，细则详，也就是备了。从句子的上下文看，这样理解也是合适的。"缅"字有"细"义，但都是作修饰语或与同义近义词构成词组，未发现有单独用的。

"缅"为"远"义解，在历代的著作中出现的频率很高，有单独用。例如：

①改葬之礼緦，举下，缅也。(《谷梁传·庄公三年》)

②至于远近之士，先后之宜，犹或缅焉，未之能详。(《三国志》卷五十二)

③大庭既邈，玄风悠缅。(《晋书》卷九十二)

④夐千里而无山，缅百谷而有居。(《宋书》卷六十七)

⑤哀彼荆汉，独为匪民，乃眷四顾，缅同异域。(《南齐书》卷一)

⑥肇植生民，厥说既缅，降及兴运，维道有征。(《南齐书》卷四十七)

"缅"为"远"义解，更多是与别的语素组合使用。例如：

①高壁缅然，与霄汉连接。(《水经注·庐江水》)

②今皇风缅畅，辉祀通岳。(《宋书》卷十七)

③既许士庶缅隔，则闻察自难。(《宋书》卷四十二)

④清风忽其缅邈，启皇祖于庚寅。(《魏书》卷三十六)

⑤但世运遥缅，随时亡缺。(《魏书》卷一〇九)

⑥缅范旧章，兼膺黜削之谴。(《旧唐史》卷一一四)

⑦朝游洞庭上，缅望京华绝。(张说《岳州作》)

⑧至于室宇堂厅，户牖达向，世代湮缅，难得该详。(《宋书》卷十六)

“缅”在文中有时也解作“长”义，如《国语·楚语上》：“彼惧而奔郑，缅然引领南望曰：‘庶几赦吾罪。’”其中的“缅然”，是脖子伸长貌的意思。贾逵注：“缅，思貌也”；或有注作“遥远貌”。考察句意，在此应是“长”义比较恰当。“长”和“远”，都是由丝的本质特征引申而来的，意义的来源十分清楚。

“缅”字跟一些有关思维意义的词语搭配使用的例子，在这样的句子中，“缅”往往仍表示“细丝”的引申义“细”或“远”。例如（前两例为“细”，其余为“远”）：

①缅思不独人生忌，妒心谗口最风波。（《玉娇梨》第七回）

②柴茂大惊，缅想无策，惟有起奏幼主。（《海国春秋》第三回）

③缅思前德，永慕昔辰。（《陈书》卷六）

④缅想洙、泗，永怀在昔。（《宋书》卷五）

⑤昔豳都追远，正邑缠哀，缅慕德义，敬奉园陵。（《宋书》卷四十一）

⑥朕近巡览千亩，遥瞻松隧，缅惟徽尘，感慕增结。（《宋书》卷五十二）

⑦瞻望尘麈，缅怀敬止。（《北史》卷十二）

⑧只见苏御史书上写……弟役役王事，缅忆高风，不胜尘愧。（《玉娇梨》第十八回）

当“缅”字跟有关思维意义的词语搭配连用成为经常性使用的比较固定的结构时，“缅”字受到这些词语有关思维意义的影响，久而久之，也有了“思”、“想”义，这时候，它们就逐渐发展演变为同义词、近义词连用的形式。从对句意的理解和与上文的一些句子比较来看，“缅”字在下面的句子中很明显不再是修饰语，而是表达“思”、“想”义的动词，与跟它相连的词从词性到意义都趋于一致。例如：

①反为后辈亵，予实苦怀缅。（杜甫《故秘书少监武功苏公源明》）

②峤见礼仪周密，答问恭敬，有缅想之怀。（《国色天香》）

③缅想洒乐之人，宁识忧愁之状否耶？（《国色天香》）

④缅忆畴曩，载翱载翔。(李东阳《同年祭吴汝贤文》)

⑤缅惟现身说法，秘传法象之微。(《双缢庙》卷四)

⑥怅怀石门咏，缅慕碧鸡游。(杨巨源《秋夜闲居即事寄庐山郑员外、蜀郡符处士》)

“缅然”也由“长貌”、“远貌”而延伸到“思貌”，如“缅然长思，出于四门，周章远望”(《孔子家语·五仪解》)，“临书怆悢，有怀缅然”(《三国志》卷三十八)。包含了“缅”字的几个互有关联的不同意义。

发展下去，当“缅”字单独充当句子成分的时候，受到经常连用的词语影响而来的“思”、“想”义也频繁使用，成为它的经常义。这种引申义的应用，要比本义“细丝”的例子多得多。例如：

①受氏自有殷，树功缅前秦。(权德舆《伏蒙十六叔寄示喜庆感怀三十韵因献之》)

②缅彼十八人，古今同此适。(白居易《春游二林寺》)

③圣人去已久，公道缅良难。(陈子昂《感遇诗三十八首》)

④缅彼鹤上仙，去无云中迹。(李白《游泰山六首》之一)

⑤辽落缅岁时，辛勤历江岛。(萧颖士《仰答韦司业垂访五首》)

⑥弄珠环于掌中兮，缅此生之何幸。(《国色天香》)

⑦与君行兮缅挹春风，我心写兮谢彼苍穹。(《国色天香》)

⑧缅自支硎邂逅，匆匆数语，遂成契阔。(《吴江雪》第九回)

各种字典、辞书对“缅”字的解释，除了《汉语大词典》外，都无单独作“思”、“想”解的。有的把上引《国语·楚语上》的“缅然”作“沉思”、“思貌”解，明显是受到贾逵注解的影响。《汉语大词典》首次把“缅”单独作“思念”解，如“树功缅前秦”。其实如上所述，“缅”作“想”、“思念”解独用的情况在中古时期还是不少的。

从查阅的情况可以看到，早期的著作如《十三经》、《史记》、《汉书》等都没有用到“缅”字，后来的书里就多起来了，用的是它的引申义；影响义“思”、“想”的使用则是中古以后乃至近代的事情，并且多用于诗歌和古白话小说特别是民俗小说中。而粤东客家话恰恰保留了“缅”字的“思”、“想”义和单独作动词的用法，摒弃了本义和别的引申义，也不和别的词搭配使用，例如：“倨缅出一只好办法”；“倨缅好哩，今日就出发”；“难为你总系缅等这件事”；等等，实际上，就是普通话的“想”。

杨恭桓的《客话本字》有：“愐：同缅，思也。今人用心思曰愐，呼若铭上声，即此字。”《说文》亦有：“愐，勉也。”《广韵》：“愐，思也。”都不见用例。从词义的发展变化来看，应该是用“缅”字比较符合客观情况，所以客家山歌的集子里，顺理成章记录的都是“缅”字，如“一副香烛敬只神，一副心肝缅只人，一个阿哥够倨缅，哪有心肝缅别人”。从上述词义的产生、发展和变化来看，也说明了客家话中“缅”字是“思”、“想”义的来源。

以上从古今传承的角度探讨并说明了“缅”义的引申发展变化情况。然而，为何诸多现代汉语方言里都没有留下“缅”字的痕迹，唯独客家话里才有呢？它有无可能是受别的语言因素的影响呢？这仍是困扰笔者的一个问题。在客家民系集中居住的闽粤赣交界地区，杂居着苗族、瑶族、畲族等民族，他们的语言和客家方言之间都时有互相影响的现象。而据暨南大学陈延河先生提供的资料，现在只有广东连南八排瑶油岭话里表示“想”和“明白”的音读是［meŋ^{53}］，与客家话里的“缅”字音［men^{31}］只是前鼻、后鼻韵尾的不同和语调稍有差异，“明白”则是“想”的引申义。又据李如龙先生的调查（1998），闽西客家话的前鼻韵尾字今均读为后鼻韵尾或鼻化韵；周日健先生和冯国强先生则发现（1998）韶关马坝叶屋的客家话前鼻闭口韵尾已消失，而保留了后鼻韵尾。这就可以从语音发展的角度去猜测，两种语言中表示相同、相近意义的这两个词是不是源出一处，而后客家话中保持了原音不变，八排瑶话中的语音则跟上面所举的语音发展方向一致，由前鼻韵尾发展为后鼻韵尾，否则，为什么语音和意义都如此接近？它们之间的关系究竟如何，是互相影响，或是一种语言直接接受了另一种语言的因素……由于笔者尚找不到有力的证据，不敢妄下断言，也因之在此提出来求教于大方之家。由此，“缅”与岭南八排瑶表示“想”、“明白”义的［meŋ^{53}］关系尚待进一步考证。

七、客家话的“毒”——对冯爱珍的《福州话“毒”的本字》作一点补充

冯爱珍先生在《福州话“毒”的本字》[①] 中认为，福州话表示“用毒物害死”中的“毒”这一动词义应读作与“透”同音，本字是“毒”，该字古音应有入声和舒声两读。笔者同意这种看法，并在此作一些客方言现象的补充，不妥之处，敬祈教正。

“毒”在现今梅县的口语中也有去声的读音［t‘eu^{52}］和动词的用法（用药物驱除、害死），如“给孩子吃药毒蛔虫”、“用药毒老鼠”、“吃了这东西毒死人了”。追寻它的本字，应该就是“毒”字。这可以从文献和汉语音变规律两个方面证明。

杨恭桓的《客话本字》收入此字：“毒，此字书中止入声一义，徒谷切，注：害也，恨也。其实俗云用药‘毒’死，音若‘豆’，即此字。诵‘读’字转去声，则为‘读’点，字音‘豆’。此‘毒’字转去声，亦音‘豆’，正是一例。”“毒”、“读”两字，客家话读入声时是同音字，转化之后，读去声也同音。从杨恭桓的解释可以知道，他查过古代的字书，没发现“毒”有去声一读；但梅县话有去声，并且跟“读”相同。他认为：“毒”的音变跟“读”的音变是一致的，就是受到语言类推机制的作用，所以发生了同样的音变。文献证明了当时当地去声“毒”字的存在。

谢栋元在《客家话北方话对照辞典》中将客家话“毒死”录为“透死［t‘eu^{52} si^{31}］”：“透死：药死，毒死。”举例为：“这只妇人家系食砒霜透死个”（这个女人是吃砒霜毒死的）。用作动词的“毒”（透），正是去声。

从古代汉语的音变规律，也可以说明梅县话的“毒”字如何

① 冯爱珍：《福州话“毒”的本字》，载《中国语文》，2003（4）。

从形容词入声变为动词去声的情况。王力先生在讨论语音的历史变化时说过："中古汉语的形态表现在声调的变化上面。同一个词，由于声调的不同，就具有不同的词汇意义和语法意义。主要是靠去声来和其他声调对立……在声调转化的许多词当中，就有一部分词是为了区别词汇意义和语法意义而引起声调的分化的。"他认为，"就动词来看，声调的变化引起词性的变化，情况特别明显。凡名词和形容词转化为动词，则动词念去声；凡动词转化为名词，则名词念去声，总之，转化出来的一般都变为去声。"①

王力先生的阐述，说明了梅县话去声"毒"的来历。在汉语的历史中，这种现象不少。古代"衣"、"冠"、"王"作名词时念平声，转化为动词则读去声；"好"作形容词念上声，转化为动词也读去声。入声字"毒"循着这一规律转变为去声"毒"用作动词，或可看作方言继承了古语词之后自身的发展和变化。这种语言的演变现象在方言中并不罕见，如"鼻"字，客家话和潮汕话都引申有"闻"义，② 这个意义在古今汉语中都是没有的。古代文献中，"毒"作形容词和动词用的例子都常见，但尚未发现有标明去声的音读，而在梅县周围的粤东客家地区，却是地道的动词语音。同时，笔者调查发现，粤西湛江、茂名一带，粤语也有"毒"读去声、动词的用法，是否受相邻"偃"话（即粤西客家话）的影响，尚待求证。

八、客家山歌的谐音双关

谐音双关在客家山歌里的运用特别广泛，它源自古代的吴声歌和竹枝词，在客家民间这块沃土上得到充分的发展和有所创新，使它在宛转曲折的基础上，增添了山野田园之风和地方色彩，表现出

---

① 王力：《王力文集·第九卷·汉语史稿》，273～274 页，济南，山东教育出版社，1988。

② 侯精一：《现代汉语方言概论》，214 页，上海，上海教育出版社，2002。

独特的艺术魅力，成为客家山歌最明显的标志性特色之一。

“客家山歌美如天籁”，这是梅州近代著名诗人黄遵宪的评价。当我们细听细品之时，会发现许多精妙之处。它所表现出来的音乐形象，有时如中国画中古代女子双手扬起水袖，侧身犹抱琵琶半遮面的神情，袅袅婷婷，带着古典的风韵，是那样的温婉多情；有时又像敢说敢干的新型女子，率真泼辣，落落大方，无所顾忌。这些都得益于民间传统的多种表现手法的共同培育。这其中，最为人注意的莫过于谐音双关了，朱自清先生早在20世纪二三十年代写成的《中国歌谣》中就已经这样评说：客家山歌主要有两种特色，“一是比体极多，二是谐音的双关语极多。这两种都是六朝时‘吴声歌曲’的风格”，而“‘吴声歌曲’的缠绵宛转是我们所共赏，客家山歌的妙处也正在此”。对客家山歌细加品评，会发现谐音双关在其中的妙处不仅仅是“缠绵宛转”，除了古典的韵味之外，它包含了更多民俗文化的内涵，展示了客家人多方面的性情智慧，更贴近大众生活，为雅俗所共赏。

谐音双关辞格在古代的吴声歌里就频频出现，而吴声歌的一个很大的特点，就是表达男女之情，是情歌。借助谐音双关，将感情表达得缠缠绵绵、委婉曲折，那种意在言外、欲说还休的形象，表现了中国女性内敛含蓄的情感。发源于蜀地的竹枝词，是唐代的山歌，初时以歌唱风土为主，极少用谐音双关的表现手法。笔者查过一部后人辑录的《成都竹枝词》[①]，其序言称此书是“辑录最为详备的成都竹枝词总集，1938年以前，凡见于元明清及近人专辑、诗文集、成都报刊之竹枝词，莫不搜罗殆尽”。竟然没有用到一个双关语。后经诗人（这其中有刘禹锡的功劳）的改造和提倡，流入吴地后，与吴声歌合流，才出现了大量的谐音双关，用来咏叹男女之间的感情，如《西湖竹枝词》[②] 收录的明代前后有署名的情歌。这两类歌中所用的双关语，“最常用的是‘芙蓉莲藕’和‘蚕

① 《成都竹枝词》，成都，四川人民出版社，1982。

② 《西湖竹枝词》，杭州，浙江文艺出版社，1983。

丝布匹’两类，以芙蓉为夫容，莲为怜，藕为偶，丝为思，布为夫，匹为匹配”（《中国歌谣》）。这些都是水乡女子经常接触到的东西。除了朱自清先生所举，还有一些常见的双关语，也离不开表达种种幽怨相思的情怀，如吴声歌里的“三更书石阙，忆子夜题碑（啼悲）”（文中的吴声歌，均摘自《玉台新咏》或《乐府诗集》）；“朝看暮牛迹，知是宿蹄（啼）痕”（《读曲歌》）；“郎见欲采（睬）我，我心欲怀莲”（《子夜四时歌》）；“桐树不结花，何由得梧子（吾子）”（《懊侬曲》）。《西湖竹枝词》也同样用到这一类的双关语，如“无藕池里难得藕，有霜时候不成霜（双）”，“桥虽说断情难断，花是花梨（离）意不离”，“心中有事谁知得？酸来酸去只怨梅（媒）”，等等，可见古代诗歌中使用谐音双关有其地域和内容的局限，很多是民歌，有些则是诗人仿民歌风格写就的诗歌。

客家山歌继承了古代民歌这一优美的表现形式，首先是在情歌里，与吴声歌和竹枝词相同的谐音双关语大量出现，同样用来婉转地表达相思之情、离别之苦。如黄遵宪辑录的著名山歌句子：“因为分梨（离）故亲切，谁知亲切转伤梨（离）。”① 那种为生活所迫不得不分离的愁绪借助亲手切梨的谐音和形象表达得十分含蓄而又充分，切中了许多客家人在一段时间里因生活所迫“过番”带来的感情煎熬，在客家地区和海外客籍华侨间广为流传。例如，“天旱蜘蛛结夜网，想晴（情）唯有暗中丝”，“桃子来寻李子嬲，可惜中间少株梅”，“哥种莲藕在塘边，开花结子在中间”，“半山腰上种条松，松树下面种芙蓉，芙蓉底下种生葛，生死缠紧嫩娇容”。这些双关语给山歌增添了典雅的古代文化色彩，它的言在此意在彼，韵味深长，同样留给人充分回味和想象的空间。

同时，跟古代的民歌比较，客家山歌丰富了双关语本身，也拓展了它的表达和应用范围，挣脱了仅表达男女之情的局限，运用多

---

① 文中的客家山歌，均摘自《梅州风采》、《嘉应文学》民间文学专号（1989 年 10 月），括号里的字为谐音本字，下同。

种手段多方面、多角度地发掘与表现这种辞格的光彩和魅力，有发展、有创新，使它成为山歌中最通俗的表现手法，随时随地为平民百姓喜闻乐用，增强了山歌的亲和力和表现力，成为山歌的一个亮点。这在时下流行的民歌中是罕见的。

客家山歌里创造性地用了许多前人没有用过的谐音双关语，如“竹篙烧火长长炭，炭（叹）到天明半作灰”，“新打茶壶七寸高，人人都话真难挑，人人都话真好锡（惜：爱），到底唔知有铅（缘）么”，“无情妹子唔好交，蒸酒无酿（娘，指姑娘）佢枉劳”，“先日无你也爱（要）过，砂煲装酒唔在壶（乎）”，等等。这类双关语，都是民间习见习用的事物名称，很通俗、很亲切。田头地尾、灶头锅尾的现象，往往信手拈来，都是十分贴切的双关语，如“三两猪肉四两盐，佢今问妹咸唔咸（行）”，“新做大屋四四方，做了上堂做下堂，做了三间又两套，问妹爱廊唔爱廊（郎）”，“讲起交情真真趣，郎就起心妹起意，白纸写字冇纸格（阻隔），滚水蒸饭就来气（去）”，等等。有些双关语，是随着时代的变化而产生的，既是双关，也反映了一时一地的社会现象，如“一杯清水一炷香，才结姻缘没了郎。大婆倒米小婆煮，真系妻量又妻量（凄凉）”。揭示出旧社会娶小老婆的陋习。如“郎系有情妹有情，敢连妹子怕曼（曼 mǎn：谁）人，担竿头上挽佛子，有事阿哥会担神（承）”。在客家话里，“神”、“承”同音，信神敬佛是民间的传统，山歌里却以神佛双关作比，放在担子上挑着，似乎有点不太恭敬，如“柑子拿来割佛神，仔细看真系桔（激）人”，“两个阿哥柬热人，唔拣相貌单拣情，打开庵门看佛面，究竟哪只正真神（诚）”等，看起来对神仙并不那么认真，有点开玩笑的味道，反映了比较现实宽松、实用主义的神灵崇拜观念。甚至连中药名也用作双关，如“日头一出天门东，过桥合遮（伞）爱防风（谐音中药名防风），红花（谐音中药名红花）女子人人爱，冇钱半下（半夏）唔敢动”，“头痛就爱用川芎，温补当归拌党参，连翘（客家话‘接着’跟中药‘连翘’同音，这里用双关）又敢同哥嬲，菊花丛中弹黄琴（黄芩）”，等等。客家山歌的谐音双关语突破了“蚕丝布匹”和“芙蓉莲藕”之类，扩展到所有的生活空间。生活中方方面面的用语都可以是双关语的范围，它们仿佛已构成表达感情的符号系统，需要时，就能引起联想，随口唱出，因为是熟知的日常事物，得到广泛的认同，成为山歌中表达感情不可缺少的需要。

客家山歌中双关语的独特之处，还在于它的方言色彩。从普通话的角度来看，不少谐音双关语和它的本字之间已经不同音，但在客家话里它们的语音还是一致的，例如，“自古山歌从（松）口出，哪有山歌船载来”，客家话“从”、“松”同音，表面上是山歌从口中唱出，实际上是指出了客家山歌的发源地之一梅县的松口镇。又如，“中秋月饼包糖心，同郎紧嬲情紧深（紧……紧……：越……越……）。牵手来看铜盆水，星子连唇月（热）在心”，“阿妹好比竹笋样，生出泥皮尽心高（交）”，“手攀绿竹想对想（客家话竹子一节谓一想，这里双关意为想念），钓槟（钓竿）落水望鱼（你）来”，“嘱妹交情莫出声，别人知到事难成。落雨出门爱遮（客家话伞、遮同音同义，这里用作双关）掩，纸角装盐爱包咸（涵）”，等等。这些利用方言谐音的双关语，唱来地方特色鲜明。如果追寻这些双关语音同音近的源头，可以发现许多都来自古代语音的遗留，在古代，“铅”和“缘”（仙部以声）、“松”和“从”（冬部齿音）、“交”和“高”（肴、豪部见声）、“咸”和“涵”（覃、咸部匣声），每一对都是声音相同或相近的字。还有入声字的双关语，在普通话里与本字呼应不起来，因为普通话已因“入派三声”而无入声字，但客家话却保留了古代的入声，所以“月”和“热”、“鹊”和“惜”、“桔”和“激”在客家话里仍是同音的入声字。例如，“丙村腊蔗西阳梨，妹系爱食郎剥皮，手拿利刀割到手，今唔来血（歇）等几时?”颇多古音遗留的方言乡音，自有其表情达意的妙处，对于一方水土一方人来说，容易沟通彼此的乡情，听了倍感亲切。

客家山歌中的双关语句除了双关的用意外，很多时候还有一箭双雕的作用，兼作形象的比喻句。表现在双关语句的或前或后，将真正的“所咏之辞”唱出，有些点出本字本义，有些直接挑明本义，通过谐音双关语，把两个句子紧密地联系起来。这样的表达方式，跟吴声歌和竹枝词的隐晦有所不同。在古典民歌中，运用双关着意刻画的是意在言外、委婉曲折的情境。客家山歌在这种情况下则言、意均在歌中，把意思表达得直白清楚，带有强调的意味。例如，“九月九日种韭菜，两人交情久久长”，“声声都话鹊鹊鹊，到底唔知惜哪侪”，等等。前例中的“九月九日”和“韭菜”，在民间对时间长久的象征意义都是源远流长的；在后例中，喜鹊的叫声本来意味着喜事，因着谐音双关的联系，反其意而用之，道出相爱之人对对方的埋怨，将双关语句在前作比喻，以引起后面的感情表白。又如，“松树断尾唔晓高，旧年同妹到今朝，一年都冇三摆（摆：量词，次）嫐，蘆萁盖屋唔当茅（无）”。这首前面表白同妹相交一年很少在一起，后一句用山草盖屋挡不了雨，比不上茅草，来比喻相交相爱又不能在一起，不如无女友；“茅”字一语双关，句子又作比喻。再如，“心想连郎人阻隔，扁柴烧火炭冇圆（叹无缘）”，“先回冇你也爱过，沙煲装酒唔在壶（不在乎）”。这两例的前句都是直陈心意，有双关语又作比喻的句子放在后面，后句使前句要表达的感情具有鲜明的形象性。无论双关语句在前在后，给人的感觉是双关本身的意义减弱了，但因为双关语所指称事物的具体形象，使比喻的意象得到了加强。这样的表现手法跟《诗经》的起兴比较起来，有所区别和变化，《诗经》的诗句是“先言他物，以引起所咏之辞”（朱熹《诗集传》），句子之间只是意义上、韵味上或情调上的关联；而山歌除了这种关联之外，还加上双关语的联系，两个句子之间无论结构还是意义上都更加紧密，而又形象鲜明。跟吴声歌和竹枝词的双关比较，则使表达的感情更完整、更坦率，没有了那种忸怩羞涩，比较符合平民大众的生活和性格，在对山歌时，不必去作过多的揣摩。

双关语的丰富和表现方法的拓展，使客家山歌表现的内容和表达的感情也丰富起来，脱出了闺阁恋情的桎梏，不再只是羞羞答答，而是迈向民间，显示出民俗生活多姿多彩的情调和趣味。

客家山歌中的一些双关是寓教于乐，用来比喻或讥讽一些社会现象，例如，“一分鸦片戥八厘，冇好秤档（阵党）砣坏哩。纸做龙船抬落水，身溶正知漂（嫖）坏哩”，“鲤鱼食到茶麸水，肠断正知肚（赌）坏哩（了）”，等等。是以大家喜闻乐见的形式，劝喻人们不要去沾染黄、赌、毒，由于用来作比双关的事物都是通俗常见的，道理浅显生动，易为人接受。还有的是利用双关启发要真诚待人、正直做人、不要做见不得人的事，例如，“十三四岁织绫罗，曼人教晓妹挑梭（唆）”，“一做阿哥就逞兄（凶），持蛮持恶系歪风”，等等。告诫人们对待感情也要专一，如“你有老婆我有夫，你也唔使眼瞅瞅，隔夜饭汤来洗面，问你知馊唔知馊（羞）”。用这样的方式去表达显得很生动，又不至于太伤人，还向对方直接表达了自己的看法和意见。这样的山歌闪现出智慧的光彩，体现了百姓的朴实和聪明，既有教育意义，又表现了客家人重视传统、希望维护社会健康的心理。

客家山歌利用谐音双关创造的抒情形象在客家山歌中也发生了很大的变化，表达的感情和表现的性格是多种多样的，除了古典的委婉之外，大胆的、率真的、纯朴的、激烈的……民间种种真性情，都借助双关表现出来。其中一首句句双关，道出的指责和怨气有江河直落的气势，让人感到十分干脆利落，例如，“洋面搓粄系嫩饺（嫩娇），箭射飞鹅铁精鹛（忒精刁），刀嫲生鲁（刀嫲：菜刀；生鲁：生锈）系铁坏（忒坏），纸鹞断线情难高（情难交）”。巧妙地指责了对方的绝情，一个客家“民间王熙凤”也就跃然而出。又如，“铁打荷包口难开，洋石打火爱有媒，碗公食饭妹唔减，冷水劏鸡样得来”。这首歌句句双关，“荷包口难开”谐自己难开口，“打火爱有媒”谐媒人之媒，唔（不）减吃饭谐唔敢，在客家话“减”、“敢”同音，冷水杀鸡怎能做到，谐义自己怎能来，表达的是另一种希望挣脱传统观念，追求感情自由的强烈愿望。有些山歌唱的是山野间男女嬉戏娱乐的场景，利用双关，表达的感情自然有趣，如“榄树打花花揽花，郎就榄上妹榄下，掀起衫尾等郎榄，等郎一榄（揽）就归家”，其中“榄”、“揽”在歌中重章叠句，形象鲜明地表现了少男少女之间活泼、纯真的感情，丝毫没有拖沓、庸俗的感觉。一些歌里巧用双关，表现出对感情的慎重，如“连妹一事爱分相，唔好打卵就见黄，脱桌食饭莫斗紧（着急。斗紧：安装密实的意思，客家话‘斗紧’和‘着急’、‘紧张’谐音），老鼠游桁慢上梁（商量）”。一些山歌则道出对健康、朴实感情的追求和向往，如“玻璃眼镜假水晶，十三两秤假正斤（正经），口含灯草吐向出，看妹唔系食芯（实心）人”。同样，热恋中的感情也可以借助双关勾勒得火辣辣、甜蜜蜜，例如，“新打茶壶锡鎏铅，妹话锡来哥话铅，妹话铅来哥话锡，总爱有锡又有铅”。这里通过“锡”（惜）和“铅”（缘）在句子中的回环往复，将感情表达得淋漓尽致，也表现出人物的率真性情，同时让人体会到感情的美好。又如，“足锡茶壶系冇铅，灯盏冇芯也枉燃（枉然）”，“唔会唱歌尽喙屙，唔会织布乱抛梭（唆）”，“龙眼打花风吹散，结果唔成枉心枝（心机）”，等等。借助双关语为大家熟悉的形象，从形式上是绕了一个弯，实际上达到了更好、更直接的效果，连带整首歌的语气，十分利索。客家山歌中利用谐音双关语义的形象，突破了传统民歌只给人欲说还休的感觉，表达了多种多样的感情和愿望，或发泄怨恨，或嬉笑怒骂，皆成山歌，使表达的感情更加鲜明突出，更加形象通俗，易为常人理解和接受，也表现出敢爱敢恨、爽直真挚的性格。

从以上的分析可以看到，客家山歌中使用谐音双关语的频率提高了，人们在抒情表意的时候，随时随地发挥联想和想象，充分利用身边事物名称的谐音，来表达真实的感情和愿望。谐音双关的妙用，在客家山歌中得到非常充分的展示。谐音双关确实是客家山歌最明显的标志性的特色之一。

参考文献

（1）陈章太，李如龙．闽语研究．北京：语文出版社，1991．

（2）李新魁．广东的方言．广州：广东人民出版社，1994．

（3）黄雪贞．梅县方言词典．南京：江苏教育出版社，1995．

（4）胡希张，等．客家风华．广州：广东人民出版社，1997．

（5）林立芳．梅县方言语法论稿．北京：中华工商联合出版社，1997．

（6）吕叔湘．近代汉语指代词．上海：学林出版社，1985．

（7）袁家骅，等．汉语方言概要（第二版）．北京：语文出版社，2001．

（8）侯精一．现代汉语方言概论．上海：上海教育出版社，2002．

（9）詹伯慧．广东粤方言概要．广州：暨南大学出版社，2002．

（10）李如龙．汉语方言学．北京：高等教育出版社，2001．

（11）谢栋元．客家话北方话对照辞典．沈阳：辽宁大学出版社，1994．

（12）刘佐泉．客家历史与传统文化．开封：河南大学出版社，1991．

（13）刘义庆．世说新语．上海：上海古籍出版社，1982．

（14）静，筠禅僧．祖堂集．郑州：中州古籍出版社，2001．

（15）张美兰．《祖堂集》语法研究．北京：商务印书馆，2003．

（16）王力．古代汉语（第二册）．北京：中华书局．1999．

（17）王力．王力文集·第九卷·汉语史稿．济南：山东教育出版社，1988．

（18）王力．汉语语法史．北京：商务印书馆，1989．

（19）钱绎．方言笺疏．上海：上海古籍出版社，1984．

（20）汪化云．汉语方言代词论略．成都：巴蜀书社，2008．

（21）中国语言学大辞典．南昌：江西教育出版社，1991．

（22）臧励龢，等．中国人名大辞典．北京：商务印书馆，1980．

（23）袁宾．近代汉语概论．上海：上海教育出版社，2000．

（24）彭友元，等．对联趣话．武汉：湖北教育出版社，1983．

（25）刘国恩．汉字文化漫谈．武汉：湖北教育出版社，1997．

（26）辞源．北京：商务印书馆，1979．

（27）兴宁文史第二十三辑《罗蔼其》．香港：世界华人出版社，1998．

（28）北京师范大学民俗典籍文字研究中心．民俗典籍文字研究（第1期）．北京：商务印书馆，2003.

（29）汤志钧．章太炎年谱长编．北京：中华书局，1979.

（30）陈修．梅县客方言研究．广州：暨南大学出版社，1993.

（31）罗翙云，陈修点校．客方言．广州：华南理工大学出版社，2009.

（32）杨恭桓，谭赤子点校．客话本字．台北：台湾爱华出版社，1997.

（33）温仲和．嘉应州志．清光绪二十四年（1898）刊本.

（34）黄钊．石窟一征．清宣统元年（1909）铅印本.

（35）章太炎．新方言·岭外三州语．1911年刊本.

（36）罗香林．希山丛著·附先考幼山府君年谱．1936年兴宁罗氏铅印本.

（37）古直．客人对．上海：上海中国书店，1930.

（38）许慎．说文解字．北京：中华书局，1963.

（39）宋本广韵．北京：北京市中国书店，1982.

（40）李屹之．语林趣话．北京：新世界出版社，2007.

（41）孙锦标．通俗常言疏证．北京：中华书局，2000.

（42）尹黎云．汉字字源系统研究．北京：中国人民大学出版社，1998.

（43）刘镇发．香港客粤方言比较研究．广州：暨南大学出版社，2001.

（44）程裕祯．中国文化要略．北京：外语教学与研究出版社，1998.

（45）招子庸．粤讴．陈寂评，注．广州：广东人民出版社，1986.

（46）朱自清．朱自清文集·第六卷．南京：江苏教育出版社，1988.

（47）詹伯慧．第八届国际粤方言研讨会论文集．北京：中国社会科学出版社，2003.

（48）蒋绍愚，江蓝生．近代汉语研究（二）．北京：商务印书馆，1999.

（49）语言论集．北京：商务印书馆，1983.

（50）语言论集（第二辑）．北京：中国人民大学出版社，1984.

（51）李如龙，周日健．客家方言研究．广州：暨南大学出版社，1998.

（52）王福堂．方言本字考证说略．方言，2003（4）.

（53）李新魁，林伦伦．潮汕方言词本字研究．汕头大学学报，1990（3）.

（54）黄小娅．干弟弟为何不能叫“契弟”．羊城晚报，2009-9-27（B5）.

（55）杨皑．此“栏”非彼“栏”．羊城晚报，2010-6-21（B5）.

（56）裴重生．羊城地名多壮语．羊城晚报，2010-6-14（B5）.

（57）周伟涵．耙鼎采囤　做粿送神．羊城晚报，2008-1-31（B5）.

（58）王志光. 罗蔼其和他的《客方言》. 海内与海外，2001（9）.

（59）蒋冀骋. 论明代吴方言的介词“捉”. 古汉语研究，2003（3）.

（60）汪维辉. 汉语“说”类词的历时演变与共时分布. 中国语文，2003（4）.

（61）姚美玲. 唐代墓志所见佛徒称谓词释. 语言科学，2005（4）.

（62）储泰松.“和尚”的语源及其形义的演变. 语言研究，2002（1）.

（63）邹全荣. 武夷山“金谜”漫谈. 闽北日报，2001－12－12.

（64）冯爱珍. 福州话“毒”的本字. 中国语文，2003（4）.

（65）唐宏林. 浅析澄海方言中的古语词及其训诂意义. 华南师范大学中文系2004届本科毕业论文.

（66）林燕飞. 从《世说新语》的词汇现象看潮汕方言对古汉语的保留. 华南师范大学中文系2007届本科毕业论文.

后　　记

“古代汉语和广东的方言”原本是基于广东是一个多方言并存的省份，而华南师范大学又是一个地方性的师范院校，因此从2004年起在本科阶段开出的一门选修课；后来又成为一门研究生课程。就是想在古代汉语和一些语言课的基础上，给同学们提示一个切入点，把古代汉语和现代方言的一些现象联系起来，从学习的角度，看清汉语内部的互相关联的东西；从研究的角度，给汉语史补充有益的材料。对语言感兴趣的同学，这个角度可能更新鲜，更亲切，也感觉更有话可说。把文献的语言文字现象与方言联系起来，使学习的过程生动活泼一些，使学习和研究的内容在现实基础上得到有效延伸和深入。

在多年教学的基础上，我们注意吸收前人和时贤的一些研究成果，逐渐积累与形成了在这个课题上的认识和观点。本书从广东的角度出发，主要以古代汉语和广东的方言比较为研究范畴，首先从史的角度追溯广东三大方言即粤方言、潮汕方言和客家方言各自的形成过程；然后从丰富鲜活的语言现象去求证古代汉语的语音、文字、词汇、语法等方面在几大方言中的历史传承和发展演变，以及从横向的角度探讨各方言存古的历史层次和之间的异同联系；最后一个部分是一些方言语义语法现象的源流探究，属于综合研究的案例；其中有的部分还注意描述了地方经济文化风俗对语言变化产生的影响。全书注意用较全面的眼光去看待古代汉语和汉语方言的发展变化和联系，用归纳、描写和比较的方法对语言材料进行分析和研究，力求融会贯通历时和共时的关系，以揭示历代汉语共同语对广东的方言形成的影响，揭示广东各方言积淀和蕴含的丰富而深厚的文化内涵，从另一个角度反映了广东跟古代中原地区血脉相连和绵延不断的关系。

方言溯源的个案研究、本字研究、语音研究，各方言的描写研究，对汉语方言的整体的宏观研究等的论文和专著都常见于各种学术刊物或图书。本书借鉴和吸收引用相关的观点、论据或所举例证，注意注明出处，以提供学生进一步学习研究的可循之途径。

只是本人学力有限，做学问的耐心也不够，在许多问题上的探究往往是蜻蜓点水一般，随意举例，没有做到较全面和深入；不少问题只限于提出而没有着力去解决，如一直想对广东各方言的人称代词词尾的历史层次作一番考察，很多遗憾留待以后再努力吧；行文中的疏漏和讹误也在所难免。在此恳请专家学者和广大读者不吝指正，并提出宝贵意见和建议。

2011 年 5 月